官僚とメディア

魚住 昭

角川oneテーマ21

目次

第一章　もみ消されたスキャンダル

東京・汐留《しおどめ》の一角に聳《そび》え立つ共同通信本社ビル。「汐留メディアタワー」とも称される、この真新しい高層ビルを私が初めて目にしたのは二〇〇六年の秋だった。

私は三〇年余り前、ほんのちょっとした偶然から共同通信に記者として入社した。そこで社会部の記者として育てられ、取材をし、原稿を書いて二〇年を過ごした。

そして私はまた、ほんのちょっとしたきっかけで共同通信を辞め、それから一〇年余りがたった。その間に共同通信の本社は虎《とら》ノ門《もん》の米国大使館前から現在地に移転した。

私はいまかつての同僚たちが立ち働く高層ビルを眺めている。もちろん彼らの姿は目には見えないけれど、私には彼らの動作の一つ一つや、彼らの息づかいが手に取るように分かる。なぜなら、あのビルの中にいるのはかつての自分であり、ちょっとしたきっかけさえなければ今もそうだったにちがいない自分でもあるからだ。

この高層ビルの一三階にある会議室に共同通信社会部の記者たちが集まったのは〇六年一〇月二日のことだった。

社会部の定例部会という名目だったが、午後七時半という出稿が集中する時刻のためか、この会合に出席したのは百人近くいる部員のうち三〇人ほどだった。冒頭、社会部長の牧野《まきの》和宏《かずひろ》が簡単な事務連絡を行った後で本題を切り出した。

「社会部で取り組んできた記事について、いったん見送りの結論を出したので報告しておく」

六日前に首相に就任したばかりの安倍晋三《あべしんぞう》にからむ記事の出稿を当面見送るとの通告だった。続いて担当デスクの出口修《でぐちおさむ》が取材の経緯と記事の内容を悔しさをにじませながら説明した。すると、部員たちから怒りの声が巻き起こり、会議は二時間近く紛糾した。

「権力監視は報道機関にとって絶対譲ってはいけない部分だ。この程度で腰が引けたら、でかいネタで勝負できるのか。すぐに出稿すべきだ」

「こんな部会を開くこと自体が情けない。部長の判断がまったく理解できない。怒りがわき上がってくる」

部員たちが次々と部長を批判する異常事態はなぜ起きたのか。その経緯を共同通信の記者が語る。

「社会部が準備した安倍首相に関わる記事の出稿に上から突然ストップがかかったんです。社会部デスクの出口さんを中心とした取材チーム三人が八月中旬から取材に動き、首相の地元・下関《しものせき》（山口県）にまで入って調べ上げたネタだった。すでに記事も完成して出稿を待つばかりだったのに……」

あらためて記せば、共同通信は全国の地方紙やＮＨＫ、民放をはじめほとんどの国内メディアに記事配信を行う日本最大の通信社である。国内外に支社・支局など多数の取材網を張り巡らせ、加盟紙の総発行部数だけでも約二千万部に達する。全国紙やテレビ局を凌駕《りょうが》する影響力を持つメディアといってもいいだろう。

そんな共同通信で不透明な「出稿見送り」があったとすれば看過できる問題ではない。まして、それが就任間もない首相に関わる記事だったならなおさらだろう。

前出とは別の共同通信記者が語る。

「出稿にストップがかかったのは一九九九年、山口県下関市の安倍邸や地元事務所に火炎瓶が投げられた事件をめぐる記事だった。関係者の新たな証言を得て、安倍の地元事務所と暴力団関係者の関わりを浮き彫りにし、事件の全体像を描き出す内容だった」

「美しい国」を掲げて安倍政権が華々しく登場した直後、共同通信社会部が準備していた記事が配信直前に差し止められたというのである。記事の中身は、記者たちが一月以上かけて突き止めた安倍晋三首相周辺のスキャンダルだった。差し止めの背後には、平壌《ピョンヤン》支局の開設問題に絡んで、首相の顔色をうかがう共同通信上層部の姿勢が見え隠れする。

首相の資質を国民に問うはずだった一本の記事が闇に葬られた経緯。それを詳しくたどっていくと、権力にすり寄るメディアの実像が浮かび上がってくる。

冒頭陳述

ここに登場する火炎瓶事件については若干の説明が必要だろう。

事件は〇〇年六月から八月にかけて起きた。下関市中心部にある安倍の後援会事務所や自宅などに計五回にわたって火炎瓶が投げ込まれ、安倍の自宅では数台の乗用車が全半焼する被害も発生した。負傷者こそ出なかったが、近隣の結婚式場にも誤って火炎瓶が投げ込まれており、一歩間違えば惨事につながりかねない犯行だった。

事件が衆院選前後に起きたこともあって「安倍の対北朝鮮強硬姿勢に反発したテロではないか」といったさまざまな憶測が流れたが、〇三年六月になって福岡県警と山口県警が下関の「ブローカー」小山佐市と、北九州市の指定暴力団・工藤会系高野組の組長ら六人を非現住建造物等放火未遂容疑などで逮捕した。

両県警の調べによると、事件の主犯格である小山は、安倍事務所や地元有力企業などに幅広い人脈を持ち、市内の再開発事業にからむ土地買い占めなどに暗躍していた。小山は一九九九年四月に行われた下関市長選で安倍直系の現市長・江島潔《えじまきよし》の陣営に〝選挙協力〟をしたにもかかわらず、安倍サイドから約束の報酬を得られなかったとして反発し、高野組に依頼して火炎瓶を投げさせたのだという。

どうやらこの事件は安倍サイドが一方的な被害者というわけではなく、下関市長選で安倍事務所側が小山というブローカーを利用したのが発端だったようだ。こうした構図の一端は検察の調べでも明らかになっている。〇四年六月、福岡地裁小倉《こくら》支部で開かれた小山らの初公判の冒頭陳述で、検察は事件に至る経緯をこう指摘した。

《被告人小山は、かねて安倍晋三の地元秘書、佐伯伸之《さえきのぶゆき》と交際していた。平成一一年（一九九九年）施行の山口県下関市長選挙では、安倍議員が支持する候補が当選したところ、被告人小山は、同候補を支援する活動をして当選に寄与したとして、佐伯秘書に対し、絵画の買い取りを名目に現金五百万円の支払いを要求し、同秘書をして三百万円を工面させた。その後も被告人小山は、安倍議員に面会して金員の支払いを要求したが、同議員側からこれを拒絶されたため、要求に応じなければ同議員の政治生命を絶つ旨の電報を送り付けるなどした》

この冒頭陳述の内容は一部メディアで報じられたが、実際に小山がどんな「選挙協力」をしたのかは明らかになっていない。安倍事務所と小山の詳しい関係もわからず、安倍の秘書だった佐伯伸之（現下関市議）が「工面」したという三百万円についても実際に小山の手に渡ったのかどうかなど不明な点が多く残されていた。

しかし、九月下旬に下関入りした共同通信社会部の取材チームは、このナゾに包まれた事件の全体像を解明することに成功したのだという。

再び前出の共同通信記者の話。

「現地入りした記者たちは、下関市長選前に小山らが対立候補Kを中傷する文書をまいていたことを突き止め、安倍の秘書だった佐伯を『あなたが小山に中傷文書をまくように指示したのではないか』と追及したそうです。一回目のインタビューでは佐伯は全面否定したが、翌日の二度目のインタビューで、中傷文書の元になる資料を小山に見せたことと、小山に三百万円を渡したことを認めた。資料を小山に渡したかどうかは記憶が定かでないと曖昧《あいまい》な答えをしたそうです」

下半身スキャンダル

佐伯が小山に「見せた」という資料は、『週刊アサヒ芸能』（九五年一〇月五日号）の「独占スクープ　大手商社ＯＬが捨て身の『不倫激白』！『私の裸体を弄んだあの新進党代議士を許さないッ』」という記事だった。

代議士の名前は仮名になっているものの、学歴や職歴、当選の経緯はＫと同じ。代議士と男女関係にあったという当時二六歳の女性が登場し、肉体関係も含む「交際」について詳細に告白している。女性は代議士の秘書経由で知り合ったと言い、毎日のように都内のマンションで代議士との逢瀬《おうせ》を楽しんだとも語っている。いわゆる「下半身スキャンダル」である。

現地入りした記者たちは、福岡拘置所に拘留中の小山に接見し「自分の会社に佐伯が来て、Kつぶしを依頼された。佐伯から受け取ったアサヒ芸能の記事をもとにKの実名と写真が入った中傷文書を作らせてばらまいた」という証言も引き出した。

さらに記者たちは、安倍地元事務所の筆頭秘書と小山の間で交わされた「念書」の存在も突き止めている。下関市内の開発事業に特定業者を入れないことを約束する内容で、筆頭秘書は記者たちの取材に対し、この念書にサインしたことを認めたという。

記者たちが解明したという事件の全体像は果たして真実なのか。それを知るため、私たちは下関に向かった。

下関市近郊の田園地帯。事件当時に安倍の地元秘書を務め、現在は下関市議となっている佐伯伸之の自宅は、平成一七年二月の合併で下関市に組み込まれた旧菊川《きくがわ》町の中心部にあった。

何度目かの訪問の末、早朝にようやく会えた佐伯は、寝起きのためか髪は乱れ、痩《や》せた体をくたびれたスポーツウェアで包んでいた。佐伯は「昨夜は遅くまで飲み会があったもので」と言いながらインタビューに応じた。

——九九年の市長選でばらまかれた中傷文書の資料を小山に渡したのか。

「当時、Kの彼女の手記がアサヒ芸能にバーッと出た。それで、僕は『こんな記事が出るヤツは国会議員の資格がない』と小山に言うた。小山も『あー、そりゃそうだ』と。小山はその記事をバラまけと僕が言うたっちゅうんだが、僕はそんなことは言うとらん。大変迷惑な話ですよ」

——記事を見せたのは事実だが、中傷文書を撒《ま》けとは言っていないと。

「そうそう、そこなの。僕はね、晋三さんのために非常に努力した。お父さん（安倍晋太郎）が亡くなった後、安倍派が分裂して、お父さんまでは応援したけど、息子まではやらんという人がかなりおったんですよ。僕はそのころ菊川町議だったけど『先生、暇があったら事務所に出てきて』と安倍事務所から言われてね。そりゃ安倍家に恩義があるから『晋ちゃんのために頑張らにゃいけんなぁ』と（晋三の支持票を集めるため）歩き回った」

——単に記事を見せただけで、なぜ小山は五百万も払えと要求したのか。

「そりゃね、僕だったら取れると思ったんじゃない、小山が。僕は『そんなカネない』と断ったんですよ。そしたら三百万でいいと言い出した。『三百万でアジサイの花の絵を買え。これ（絵）を持ったらいい財産になるから』と。三百万でも、僕らにとったら大金だけど、晋三さんに迷惑かけるわけにもいかないからね。それに、小山が毎日毎日家に来るし、鬱陶しい話に早くケリつけたかったから、自分の土地を処分して作ったカネのなかから三百万円を支払った」

「ドロドロした実態」

おそらく佐伯は共同通信の取材にアサヒ芸能の一件を認めてしまっていたから、私たちの取材にもすんなり答えたのだろう。佐伯の重大証言を引き出したとき、共同の記者たちは内心で「やった！」と小躍りしたに違いない。

私たちは中傷文書の攻撃を受けたKにも会った。Kは共同通信の取材を受けたことを認めたうえでこう言った。

「安倍事務所の体質からいって、あの事件は佐伯一人で処理できる話ではない。だけど、地元は完全に安倍事務所に牛耳られているから真相が表に出ることはないんじゃないか。あの事件に限らず、安倍直系の江島市政では談合とか選挙違反とかいろんな不正が無法地帯のように横行している。『美しい国』とか『再チャレンジ』とか、地元を知っている私に言わせれば、へそで茶がわくっていう話だよ」

共同通信の記者たちが取材した跡をたどっていくと、彼らが記事にしようとした通り、こんな事件の輪郭が浮かび上がってきた。

（1）安倍事務所の秘書だった佐伯が長く交友のあった小山に中傷文書の元となる資料を提

示し、（2）小山側が資料に基づいて対立候補Kの実名と写真の入った中傷文書を作成してバラまいた。さらに（3）後になって絵画買い取り名目で五百万円を要求し、（4）佐伯から三百万円を受け取ったものの、さらなる要求を拒否されたため小山が高野組を使って五回にわたり火炎瓶を投げつけた——。

その上、安倍事務所側と小山との間で交わされた「念書」の存在を確認したというのが事実ならば、安倍事務所と小山の間にはさらに奥深い関係があったと言っていいだろう。いずれにせよ、差し止められた記事は事件の核心を突く貴重なニュースだったといっていい。前出の共同通信記者の話。

「もちろん安倍首相本人が事件に直接関与したという証拠はなく、超特大の特ダネというわけでもないが、ナゾの多い事件の全体像に迫る意味のある記事だった。『美しい国づくり』を掲げて就任した新宰相のお膝元のドロドロした実態を広く伝えることにも十分に意味がある。ましてや社会部長自身も認めていたように取材は十分だし、仮に安倍サイドから訴えられても負けない材料は揃っていた。いつものように加盟社に配信していれば、全国の地方紙の紙面を大きく飾ったはずだ」

権力の監視

九月二〇日ごろ、出口が率いる取材チームの報告を受けた社会部長の牧野は「面白い。それで行こう」と、記事の出稿に大乗り気だったという。部長のゴーサインを得て、原稿の作成作業がはじまり、事実の概要を伝える本記と、佐伯との一問一答が完成した。

ところが、複数の共同通信記者の証言によると、二三日ごろになって突然、牧野の態度が変わり、記事の配信に難色を示しはじめたという。

九月二八日に開かれた社会部のデスク会で牧野はこう発言した。

「出口デスクを中心に安倍疑惑を取材している。下関市長選をめぐる話だ。内容的には面白いと思ったけど、調べてみると三百万円のやりとりは既に報じられている。記事はしっかりしていて訴訟になっても負けることはないが、政権発足直後の第一弾としてはインパクトに欠ける。向こうが対抗措置をとってくるかもしれないので、これだけでは闘えない。当面記事は出さないという判断をした」

――内容はしっかりしていて訴訟にも負けないのなら、なぜ出さないという選択になるのか。安倍に一発で大打撃を与える記事なんてそう出せない。

「出口デスクも同じようなことを言っていた。平時なら出せる。今のタイミングは相手のガードも堅い。自分たちに政権が刃をむけてくる」

——仮に大きなインパクトのある事実が見つからなかった場合、この記事はボツにするのか。

「いや、ボツにするとは言っていない。十分成立している記事だ。状況が変われば出せるだろう」

——状況とはいったい何か！

「わからないなあ。いま言ったようなことだ。いまこの記事で勝負はできない。いつになったら出せるようになるかはわからない。でも、状況は十分変わりうる」

——こんなことでは何も書けなくなってしまう。自粛するのか。

「自粛ではない。何も書けないという状況にならないようにしなければならない。戦略的（判断）というか。いま無防備に出せない」

——（ニュースの）強弱の判断は難しい。相手のリアクションもイメージできない。抽象論だ。

「一種の勘のようなものだ」

——記事を出したら（官邸に）取材を拒否されるとか、そういう判断もあったのか。

「それはメインの理由ではない。僕は部長だからそういう判断もなくはない。（記事の）ニュース性から考えた。苦労が無にならないよう努力する」

——部長の話は解せない。何も書けなくなる雰囲気になるというリスクを認識していて、なおかつ出さないのはなぜか。ニュース判断以外の、何らかの外的要因は本当になかったのか。

「リスクや全体（状況）を考えた。士気が落ちるだろうかとも考えた。そのうえでの判断だ。気持ちはわかるが、引き続き取材をしてほしい。気を落とさないでやってほしい。お願いベースの話だ」

——やっぱり納得できない。何とか記事を出せないですか。デスクの一人としてのお願いです。

平壌支局開設問題

このデスク会でのやりとりで分かるように部長の牧野の説明には説得力のかけらもない。その理由として考えられるのはただ一つ、牧野が記事差し止めの本当の理由を話せない立場に追い込まれているということだ。

冒頭に紹介した一〇月二日の部会でも、牧野はデスク会と同趣旨の説明をしたうえで部員たちに呼びかけた。

「デスクや記者は不愉快だろうが、このまま突っ走っていくと危険だ。圧力がかかって記事が止まったと思う人がいるかもしれないが、誤解のないよう冷静に受け止めてほしい。七年前の話をなぜ出すのか、その抗弁が難しい。（名誉毀損）訴訟には負けないだろうが、この内容では古いし、弱い」

だが、記者たちは納得せず、かえって不満を爆発させた。

「部長の言葉は全く理解できない。七年前の事件でも古いとは言えない。安倍が首相になった今だからこそ、記事を出す意味があるんじゃないのか」

「向こうが何を言ってくるか分からないから出さないというなら、それで報道といえるのかっ！」

取材チームの記者も、

「訴訟になっても負けないというのなら堂々と出すべきだ。何度聞いても出さない理由が分からない」

と吐き捨てた。

「納得できない気持ちはわかるが……」

牧野が漏らすと、別の部員が、

「政権の出方が怖いのか。何のために仕事をしているんだ」

と詰め寄り、ベテランのデスクは沈痛な表情で言った。

「こういう理由で記事を止めたということによって社会部内に残る害毒の方が大きい。記事を出せば、安倍政権に嫌がらせをされるかもしれないが、我々は権力におもねってはいけない。何かあったら踏ん張るしかないんだ」

それでもなお、牧野が記事差し止めに固執した背景には一般の部員たちが知らない特別な事情があった。今度は共同通信の幹部の一人が語る。

「北朝鮮の平壌支局開設問題です。当初は、一〇月末に開かれる共同通信の加盟社編集局長会議に安倍首相を招こうとしている最中で、その直前に批判記事を出すのを避けたのではないかという見方もあったんですが、実際には共同が平壌支局を開設したばかりだったために安倍首相の反応に神経を尖《とが》らせていたことが大きい。安倍批判をした場合に予想される政権側からのリアクションにビビったんでしょう。記事を差し止めたのも社会部長レベルの判断などではありません」

大訪朝団

すでに報じられている通り、共同通信は九月一日に北朝鮮の首都・平壌に支局を開設した。中国やロシアなど北朝鮮「友好国」とされる国以外のメディアでは米AP通信の関連会社でロンドンに本拠を置く映像専門のAPTNが〇六年五月に平壌支局を新設しているが、日本のメディアでは初めてのことだ。共同通信は支局開設の当日、平壌発でこんな記事を配信している。

北朝鮮に支局を開設したのは初めてで、同社四一番目の海外支局となった。同社は、核・ミサイル問題や日本人拉致《らち》問題などで世界の注目を集める北朝鮮に取材拠点を置くことにより、正確かつ客観的で質の高い報道を目指す、としている。

支局は朝鮮中央通信社内に置き、支局長は中国総局長が兼務。当面は常駐せず、必要に応じて北朝鮮入りし、支局を拠点に取材を展開する》

これに先立つ八月二四日に配信された記事では、編集局長の後藤謙次《けんじ》が支局開設の意義をこう強調してもいる。

《北朝鮮の実情を内外に伝えることが報道機関の使命。現地から正確な報道に努める》

配信記事にある通り、支局を開設したといっても特派員が常駐するわけではなく、当面は北朝鮮の公式報道機関が報じる以上の内容を伝えることは困難だろう。とはいえ、国交すらない北朝鮮という国に食い込み、その実情を少しでも外部へ伝えることがメディアの使命だと訴える編集局長の説明は一定の説得力を持っている。

現実に、平壌支局開設をめぐっては多くのメディアが水面下でしのぎを削ってきた。平壌に初の支局を開設したのは確かに先駆的な快挙であり、新聞経営が斜陽化して共同通信も配信に新味が薄れる中、平壌支局は大きな〝ウリ〟にもなるだろう。それだけに共同通信も支局開設にこぎ着けるまでにはさまざまな準備工作を繰り広げてきたようだ。前出の共同通信幹部の話。

「編集部門のレベルではなく、社長直轄の社長室が主導してずいぶん前から北朝鮮や朝鮮総連、あるいは永田《ながた》町などとの折衝にあたってきた。中心となったのは社会部出身の社長室長で、将来の社長候補と言われる古賀尚文と政治部出身の社長室次長・石川だった。彼らは密《ひそ》かに北朝鮮に入って、窓口の対外文化連絡協会と交渉していた。その結果、共同通信加盟社の大訪朝団が実現し、それが北朝鮮側の評価を受けて支局開設につながっていった」

周到な根回し

〇六年四月に実現した共同通信社長・石川聰《さとし》が率いる加盟社幹部の訪朝団は、大手ブロック紙や地方紙、さらには反北朝鮮の論調が目立つ産経新聞の幹部までをも含む二〇社以上の有力メディア社長や幹部も大挙参加して話題を呼んだ。現地では最高人民会議常任委員長で北朝鮮序列二位の金永南《キムヨンナム》ら要人との会見が実現している。

ある共同通信加盟社の幹部は、

「共同の平壌支局開設に向けたパイプづくりに利用されるだけだと訪朝団への参加を断った

大手加盟社もあり、一部では訪朝団への批判もあった。だが、金正日《ジョンイル》と会見できる可能性もあったほか、北朝鮮の実情を直接目にするチャンスだということで多くの加盟社幹部が参加したんだろう」

と振り返る。

また、〇四年には北朝鮮で初めて国連教育科学文化機関（ユネスコ）の世界遺産に登録された「高句麗《こうくり》古墳群」の壁画などを共同通信の取材団が単独報道。〇五年には同遺跡をめぐって「世界遺産高句麗壁画古墳展」と題したイベントを共同通信創立六〇周年の記念事業として東京で開催、加盟社との共催で地方でも同様の展覧会が開かれている。こうした実績の積み重ねが支局開設につながったとみて間違いないだろう。

しかしその一方、拉致問題などで日本国内の反北朝鮮ムードが高まるなか、支局開設に対する政界や世論の反発を恐れる共同通信幹部が永田町や霞《かすみ》が関など関係各方面に周到で念入りな根回し工作も行ったようだ。

根回し先は北朝鮮による拉致被害者の家族会にまで及んだ。横田めぐみの両親である滋《しげる》・早紀江《さきえ》夫妻は八月下旬、「社会部長交代の挨拶」という名目で共同通信の本社に呼ばれ、平壌支局開設への理解を求められた。滋の話。

「車で自宅まで迎えにきていただいて共同通信本社に行くと、社会部長のほか編集局長や外信部長が待っておられた。挨拶や世間話の後、『ひとつの話題』として平壌支局開設のお話があり、平壌支局発の情報は北京支局が統括してチェックするので北朝鮮の主張を垂れ流すわけではないという説明を受けました。支局の開設は、我々が口を出す立場でもありません。報道機関であれば当然、空白地帯があってはならないと考えてやるのでしょうし、重要なことだと思っています」

「ふざけるな！　共同通信！」

共同通信としては、世論に影響力を持つ横田夫妻に事前に説明しておきたかったのだろうが、いきなり呼ばれて平壌支局開設への理解を求められても当惑するだけだったろう。家族会の事務局長、増元照明《ますもとてるあき》には社会部の担当記者が説明した。増元は自身のウェブサイトに「ふざけるな！　共同通信！」と題して次のような一文を書いている。

「北朝鮮の思惑を考える時、北朝鮮のプロパガンダに利用したいという労働党の必死さが垣間見える。

しかも、特派員は置かずに現地採用職員による運営にするという。あきれてものも言えない。現地採用といっても、労働党の推薦する工作員を雇うことにならざるを得ない。即ち、日本国民の支払うお金で北朝鮮の工作員を養い、北朝鮮のプロパガンダ記事を垂れ流していくということではないか？」

増元はさらに、共同通信による横田夫妻への事前説明にも触れている。

「もっとも腹立たしいことは、三日ほど前、横田夫妻を本社に招いて『支局開設』の説明をおこない、しばらく、公表を控えてほしいという要請をしていることである。九月の上旬に支局開設の見込みがわかっていながら、三日前に公表を控えることを約束させ、説明したということは、家族会に説明し了解を得たというアリバイ工作をしたとしか思えない。全く、姑息なやり方だ。こうした姑息な手段をとってまで、金正日に免罪符を与えようとする報道とは、誰の味方なのであろうか？」

支局開設を非難するのは増元だけではない。政界では平壌支局経費として相当額が共同通信から北朝鮮側に渡されることに対する批判がくすぶっており、とくに安倍首相や麻生《あそう》外相ら政権中枢にそれが強いと言われている。

在京大手紙の記者が語る。

「共同通信の平壌支局が開設された直後、安倍首相の側近秘書官が一部記者とのオフレコ懇談で『北の代弁者になる恐れがある。報道機関の姿勢として問題だ』などと不快感を露骨に示していた。安倍首相は表立っては何も言わないが、共同通信の一連の動きについては本音では快く思っていない」

その安倍は大手紙記者との雑談でこう漏らしたという。
「政府が金融制裁に踏み切ろうという時に、共同通信のやっていることは北朝鮮への資金提供ではないか」

核実験

支局開設の準備を進める一方で必死に関係各方面への根回しをする共同通信上層部の動きに対し、それを一応黙認しながらも本音では反発する政権中枢——。そんな微妙な空気のなかで記者たちの〝安倍スキャンダル〟取材は進められていたのである。

記事差し止めの背景事情を知るうえでもう一つ重要なポイントがある。それは共同通信社長の石川聰らの訪朝が目前に迫っていたことだ。

大荒れの社会部会から五日後の一〇月七日、石川や編集局長の後藤謙次ら共同通信幹部約一〇人が平壌入りしている。支局開設の祝賀パーティーなどが目的だったが、「北朝鮮が核実験へ」の情報が世界中を駆けめぐる最中の訪朝だけに、共同通信上層部が官邸のリアクションに神経をとがらせていただろうことは想像に難くない。

実際、平壌入りの二日後に北朝鮮は核実験を実施した。共同通信首脳らは同一一日に北朝鮮序列二位の最高人民会議常任委員長・金永南と会見して「日朝平壌宣言は今も有効だ」とする発言などを引き出したが、週刊誌などにはこの時期の訪朝や支局開設に対する批判記事が掲載されている。

前出の共同通信幹部の話。

「社会部の記事握りつぶしは、官邸サイドから圧力がかかったというよりは、支局開設や訪朝で北朝鮮寄りと見られて、官邸から嫌がらせをされることを恐れた共同の上層部が自主規制した結果でしょう。記事を差し止めたのは編集局長の後藤（謙次）さんの判断だったと聞いています。社会部長の牧野も編集局長の指示には従わざるを得なかったということです」

私は本稿で、平壌支局の開設など北朝鮮報道をめぐる共同通信の姿勢そのものに疑問を呈するつもりはない。拉致やミサイル問題、さらには核実験で世界に激震を与え続けて注目を浴びる北朝鮮だからこそ、関係各所に僅《わず》かでもパイプを築き、現地の生の声などを多角的な視点で報じようと努力するのは、メディアとしてむしろ当然の責務だろう。

だが、そのために報道機関が権力批判の刃を鈍らせてしまうなら、これは本末転倒というほかない。まして、首相にまつわる記事を自主規制で握りつぶしたのなら、メディアとしてはこれ以上ない、絶望的な愚行だろう。たとえどんな大義名分があろうと、権力批判の刃を捨てた報道機関は報道機関の名に値しない。

ただ、この差し止め事件を取材して一つだけ嬉しかったことがある。それは社会部のデス

クや記者たちがそろって怒りの声をあげたことだ。ある部員は問題の部会で、

「これはジャーナリズムの自殺行為だ」

と、悲鳴のような叫び声をあげたという。

現場で走り回る記者たちの真剣な思いを共同通信上層部は無視しつづけるのだろうか。だとしたら、それはまさにジャーナリズムの自殺にほかならない。

第二章　組織メディアの内実

かつての共同通信は日本で最も自由な報道機関と言われていた。記者たちは相手が部長だろうと、局長だろうと少しでもおかしな振る舞いがあれば、ズケズケと物を言い、場合によっては取っ組み合いの喧嘩も辞さなかった。私たちの大先輩である斎藤茂男《しげお》は『事実が「私」を鍛える』（太郎次郎社刊）にこう書いている。

「かつて私たちの職場には、年にかならず一度か二度、あるいは数回、記事をめぐってエライさんと〝兵隊〟とのあいだの緊張関係が発生したものだ。記者の書いたものが削られたり、趣旨を曲げられたり、ボツになったりしたことが原因で上と下が言い争う。はじめは職場の片隅での意見の衝突だったものが、しだいに輪を広げ、ときには日ごろさっぱり顔を合わせないクラブ詰めの記者たちまでが社へあがってきて、『なんだ、なんだ』という騒ぎになる。〝兵隊〟のあいだにある種の緊張と連帯の感情が流れ、まるでそんなときだけ自分が記者であることを確かめ合ってさえいるような、生き生きとした表情が職場に現れるといった風景が、少なくなかった」

こんな風景がしばしばあったから共同通信の権力批判の刃は鋭かった。もちろん当時でも政治家や官僚たちと取引をしようとする幹部たちはいただろう。しかし、権力とのなれ合いがバレた幹部は一線の記者たちから罵声《ばせい》を浴びた。労働組合の追及も受けた。下からのチェックが厳しかったからこそ、共同通信は読者から信頼される通信社であることができたのだろう。私が入社した一九七五年ごろもそんな自由な雰囲気がかなり残っていた。

最も驚いたのは記者たちの間でこんなスローガンがささやかれていたことだ。

「書かない記者は、良い記者だ」

原稿を書かない、つまり自分の仕事をしない記者がいちばん良い記者だという意味である。そんなバカなと読者は思われるだろうが、本当のことだ。当時はまだ全共闘運動の思想的な影響が社内に残っていた。全共闘が掲げた「自己否定」「大学解体」のスローガンをマスコミ風にアレンジすると、書かない記者は良い記者だということになる。

新人記者である私はこのスローガンに大いに戸惑った。原稿をどんどん書いて記者としての技術を習得しなければ一人前になれない。かといって真面目に取材をして、原稿を書こうとすると、先輩たちから「お前はそんなに体制に取り入りたいのか」と冷ややかな目で見られるのだから、身の置き所がない。

何の問題からそうなったのか覚えていないのだが、会社の方針に抗議して社長室の前に座り込んだ記者たちもいた。発表モノの原稿だけ処理して、あとは日がな一日、本を読んだり、映画を見たりして過ごしている記者もたくさんいた。それでもクビにならず、露骨な左遷もされず、そこそこの給料をもらえたのだから、今から思えば当時の共同通信は労働者の天国みたいな会社だった。

臨時募集

私が共同通信に入社したのも、はなはだいい加減な気持ちからだった。

きっかけは七五年の一月ごろ、大学構内の掲示板に貼ってあった共同通信の記者臨時募集の知らせを見たことだった。共同通信はその年、オイルショックの後遺症による不景気で正規の採用試験を中止していたのだが、何かの事情で急遽《きゅうきょ》一〇人程度の記者を採用することになったらしかった。

そのころ私は大学生活の五年目（すでに一年留年していた）を終えようとしていたが、普通の企業に就職する気ははじめからなかった。かといって、大学に残って研究生活をするほどの知識や能力もなかった。将来の見えない宙ぶらりんの状態のまま、もう一年、親のすねをかじりながら学生生活をつづけるつもりだった。

ところが臨時募集の知らせを見たとたん気持ちが変わった。理由はいくつかある。

一つは合格の可能性だった。共同通信がどういう会社かはほとんど知らなかったが、朝日新聞やＮＨＫほどメジャーなマスコミでないことは確かだし、しかも臨時募集だから競争率はさほど高くはないはずだった。マスコミ志望の優秀な学生はすでに他社への就職が決まっている。今ごろ試験を受けるのは、他社の試験に落ちた者ばかりだろう。それなら私でも合格できる可能性があると踏んだのである。

もう一つの理由は、一年前に共同通信に入社した大学の先輩が「共同通信というのは働かなくても給料をくれる、いい会社だぞ」と言っていたのを思い出したことだった。そんな会社が実際にあるとも思えなかったが、話半分としてもそれほどキツイ会社でもなさそうだった。

三つ目の理由は、実はこれがいちばん大きかったのだが、合格すれば今の生活から逃れられると思ったことだった。私には当時、推理小説を読むこととパチンコをする以外、何もやることがなかった。同期入学の友だちと遊ぼうにも、彼らはすでに就職していた。毎日毎日、恐ろしいほどの退屈をもて余していた。運良く記者になることができれば、目先が変わって、少なくとも退屈を持て余すことはないだろうと考えたのである。

私はゼミの教授に共同通信を受験することを告げ、もし試験に通ったら卒論を提出するから卒業させてほしいと頼んだ。教授は話の分かった人で、

「いいだろう。卒論の提出は今からだと期限に間に合わないだろうから卒業後でいい。ただし原稿用紙で八〇枚以上書いて持ってくること。それが条件だ」

と言ってくれた。温情あふれる言葉だった。もっとも、私のような劣等生にいつまでもゼミに居残られたら困るということだったのかもしれないが……。

私はそれから一ヵ月ほど後に行われた共同通信の採用試験に合格した。運が良かったというしかない。正規の募集だったら間違いなく筆記試験でふるい落とされていただろう。

私は五年間の大学生活で講義には数えるほどしか出ていない。新聞もほとんど読まなかったし、文章を書く訓練もまったくしていなかった。要するに記者職に必要な基本的素養をほとんど持ち合わせていなかった。

卒論は共同通信に入社して一、二ヵ月後に書き上げ、教授宅に持参した。何を書いたのかほとんど覚えていない。ただ、読むに堪えない代物だったことだけは確かである。

訂正撲滅

私は新人時代を東京の立川支局で過ごし、その後岡山支局で三年、大阪支社の社会部で六年、そして東京本社の社会部で一〇年余り働いた。いま振り返ると、心優しい上司や先輩・同僚に恵まれて、わがまま放題の記者生活だった。それが許されたのも記者の自主性や創意工夫をできるだけ尊重しようという社風が共同通信にあったからだった。

しかし、私の記憶が正しければ、八〇年代後半から共同通信は徐々に変質していった。記者たちがジャーナリズムのありかたを上下の隔てなく論議し、その結果に基づき取材を展開していく空気はなくなっていった。

代わりに猛威をふるったのは「記事の訂正を撲滅しろ」とか「速報を忘れるな」とか「車代を節約しろ」といった経営効率を高めるための上からの指示だった。

同時に仕事量が飛躍的に増え、労働強化が進んだ。記者たちは立ち止まってものを考える余裕がないほど、目の前の仕事に追いまくられた。やがて職場に疲労感と倦怠《けんたい》感と、ある種の虚無感が漂いはじめ、私も含めて多くの記者が「もの言えば唇寒し」の空気にとらわれるようになった。そのころから記者というより「業者」といったほうがいいような幹部の姿が目立ちだした。

八七年秋ごろ、私は元警察庁首脳がからんだスキャンダルを記事にした。贈賄で逮捕された警察OBの広告業者が警察の高級官僚とのトラブルで仕事の受注が難しくなったとき、元警察庁首脳に頼んで仲介に入ってもらっていたという、他愛《たわい》のない内容だったが、元警察庁首脳にしてみれば触られたくない話だったらしい。私が原稿を書き終え、デスクのチェックを経て配信しようとしたら、社会部長からストップがかかった。

「なぜですか！」

と、食ってかかると部長は言った。

「この元警察庁首脳には共同通信がこれまでいろいろお世話になっている。記事を出すメリットとデメリットを考えて、出さないほうがいいと判断した」

私は呆《あき》れてものが言えなかった。結局、この記事はデスクたちが抗議してくれたおかげで半日遅れで加盟紙に送信されたが、紙面にはあまり載らなかった。ネタが良くなかったためではない。通常なら加盟紙に配信されるはずのメモ（その日の共同通信の主な出稿メニューの紹介）に載せられなかったためだ。

この差し止め事件には後日談がある。部長の不正行為を組合問題にしようという声が上がり、社会部の班会（組合分会）が開かれた。私も当事者としてこの班会に出席し、議論の成り行きを見守っていた。ところが、ふだんは班会など見向きもしない部長側近のデスクたちが三人ほど出席して、部長を不問に付す方向にあからさまに誘導していった。

情けないことに私はその流れを食い止めることができず、最後に一言、

「僕はこの結論に納得できない」

と言っただけだった。その後は、まるで何事もなかったかのように社会部の仕事が進められていった。私はあまりに腹が立ったので、知り合いのライターに事件の経緯をすべてぶちまけて週刊誌に書いてもらった。それでも社内には何の波紋も広がらなかった。

ちょうどそのころ社内の編集週報に寄稿する順番が私に回ってきた。私は暗に部長を批判

する文章を書いた。手元に記録がないので詳しい内容は覚えていないのだが、大意は次のようなことだったと思う。

「我々記者は人の不幸をネタに飯を食っている。それはそれで仕方のないことだが、最低限の倫理だけは守りたい。それは相手がどんなにエラい政治家だろうと、自社に関係の深い大物だろうと、特別扱いせず、公平に記事を書くことだ。それができないとしたら報道機関の看板を降ろしたほうがいい」

私の文章を読んだ部長はこう言って私をにらみつけた。

「お前、いつまで突っ張っているんだ！」

野望の系譜

その翌年のリクルート事件の最中にも同じようなことがあった。当時、共同通信加盟社の東京タイムズ社長・徳間《とくま》康快《やすよし》氏がリクルートコスモス株の譲渡を受けていたことが分かり、私が記事にしようとしたら上からストップがかかった。「徳間社長本人のコメントをとるまでは配信できない」というのが編集局幹部の説明だった。

そこで社会部の記者たちが懸命に走り回って本人に接触しようとしたが、本人は雲隠れしてつかまらない。結局、その記事は塩漬けになり、一カ月ほどたってようやく配信された。

この事件にも後日談がある。ほとぼりがさめたころ徳間社長を囲む文化部記者の懇談会の席上、徳間氏は「実は共同通信の幹部から『取材さえ受けなければ記事は出ないから逃げておけ』と言われた」と告白したというのである。

それを聞いて私は共同通信の少なくとも一部の幹部にはジャーナリズムの理念などまったくないことを思い知らされた。

私はやがて戦後事件史を彩る人物たちの取材に専念するようになった。最初に取り組んだのが暴力団稲川会《いながわ》のドンと言われた石井進の生い立ちから死ぬまでの軌跡を追った連載企画『野望の系譜』だった。石井は八九年の東急電鉄株買い占め騒動で注目された経済ヤクザの大物で、右翼の黒幕と言われた児玉誉士夫《こだまよしお》や、政商・小佐野賢治《おさのけんじ》らともつながりながら擡頭《たいとう》してきた男だった。

『野望の系譜』はほとんどの加盟紙に掲載され、大きな反響を呼んだ。その第二弾として私は元首相竹下登《のぼる》の金庫番といわれ、リクルート事件の最中に自殺した青木伊平《いへい》の生涯をテーマに選んだ。この第二弾も第一弾同様、好評を博したが、連載途中からいろんな雑音が耳に飛び込んできた。それは「こんなくだらない連載はやめてしまえ」という共同通信ＯＢの政治評論家や元番記者たちの声だった。理由は、竹下元首相やその周辺が記事に不快感を表明しているということだった。どうやら社と竹下元首相周辺の間ではいろんな摩擦があったらしいのだが、それでも連載は圧力に屈することなく終わった。

九二年の夏、私はオリンピックの取材要員としてバルセロナに二カ月ほど出張した。『野望の系譜』の第三弾は「兜町《かぶと》の風雲児」加藤暠《あきら》を主人公にして、私の後輩二人が取材・執筆をした。

スペインから帰国してまもなく私は皇太子の結婚問題取材チームのキャップ格として宮内庁記者クラブに放り込まれた。しばらくして社会部長から、

「おい、あの連載は本にしないいんだろ？　よろしく頼むよ」

と言われた。どうやら社と竹下元首相周辺の話し合いの結果、連載を本にしないという暗黙の取り決めが行われたようだった。

「ええ、分かりました」

と、私は答えた。自分の取材結果が政治的取り引きの材料に使われたのだから、本来なら猛然と抗議すべきだったと今は思う。しかし、私はそうしなかった。連載を本にするという発想そのものが私になかったから、なぜ本のことにそれほどこだわるのかピンとこなかったという事情もあるのだが、やはり私のなかに社会部長に迎合しようとする気持ちがあったのは間違いない。

当時の私は明らかに自分の属する組織と馴《な》れ合い、その組織の論理を自分のなかに取り込もうとしていた。リクルート事件の取材で活躍し、連載企画を成功させ、皇太子結婚問題でも重責を果たしたという意識、つまり組織のなかで中心となって仕事をする心地よさに酔っていたのである。

愛社精神

翌年一月、皇太子の結婚問題にも片が付き、社会部の遊軍に戻ったとたん、親しかったMデスクからこう言われた。

「おい、お前がやっていた『野望の系譜』だけどな、青木伊平の部だけ除いて本にするんだってな。某デスクから聞いたよ。もう原稿はかなりできあがっているらしいぞ」

それを聞いたときの衝撃は一生忘れない。その某デスクは私が遊軍になってから連載原稿の書き方を教えてくれた人で、いわば私の師匠であり、兄貴分だった。その人が私が宮内庁に行っている間に社の上層部と取り引きをして、竹下元首相周辺の機嫌を損ねない形で『野望の系譜』を単行本化しようとしていることが分かったからだった。

私はすぐ某デスクに猛然と抗議した。あまりの怒りで、

「そんな恥さらしなことはやめてくれ!」

と言葉がもつれてうまく発声できなかったのを覚えている。たしか某デスクは、

「青木の部分を全部除くわけではない」

という弁明をしたと記憶している。三つのシリーズからなる連載をそのまま本にするのではなく、構成を変えて違う形の読み物にするのだという。

たしかにその本は青木伊平の生涯を描いた第二部がすべて抜け落ちていたわけではなかった。しかし、おそらくは竹下元首相周辺が最も嫌がったであろう、ドロドロした部分は省かれていた。執筆者の自分が意図した物語は換骨奪胎されて別の物語になったと私は感じた。

某デスクは私の猛反対にもかかわらず単行本化をあきらめようとしなかった。私は、

「どうしても出版するのなら、取材・執筆者として私の名前を出すのはやめてほしい」

と申し入れた。単行本はそれからしばらくして共同通信社会部編で、その某デスクと、私と一緒に取材した後輩記者の名前で出版された。

私は某デスクだけでなく、後輩記者にも裏切られたと思った。誰も信用できなくなってひどい孤立感に襲われた。馬鹿らしくてこんな会社で仕事をつづけられるものかと自暴自棄《じき》になり、愛社精神もきれいさっぱり失ってしまった。

一時は会社を辞めようかと思い詰めたこともある。共同通信労組に訴えて、某デスクらの不正行為を暴こうと思ったこともある。長い間、悩みつづけて、私が出した結論は泣き寝入

りすることだった。

やめたら路頭に迷う、あるいは社会部を追い出されるという恐怖感もあったが、それ以上に共同通信という自らが属する組織に反旗を翻すのが怖かったのである。


その代わり、私が選んだのはサボタージュだった。ちょうど宮内庁取材で疲労困憊《こんぱい》して体調を崩していたこともあって、私はそれ以来、真面目に出社しなくなった。社会部に週に一度か二度、顔を出すぐらいで、後はテニスクラブに通ったり、パチンコをしたりして時間を潰《つぶ》した。体調不良を理由にたまりにたまった年休を消化していったのである。

不思議なことに私に文句を言う人間は誰もいなかった。わがまま放題の扱いにくい記者が一人いなくなったところで社会部の仕事に大して支障がでるわけではない。

私のサボタージュは半年ほどつづいた。テニスのおかげで体調もかなりよくなった。そうこうするうち私は自分が以前よりずっと幸せな気分になっているのに気づいた。仕事もしないで遊びほうけていたのだから、そうなるのも不思議ではないのだが、もっと大きな理由は組織の論理から抜け出すことができたという解放感だった。

それまでの私は組織の論理に反発しながら、自分自身が組織の論理に縛られるという、どっちつかずの状態だった。社内での出世を目指していたわけではないのに、社会部の中軸ラインから外れることは内心で恐れていた。

某デスクらとの一件でそうした色気がなくなってしまうと、心の重荷がすっかりとれ、自由に羽ばたけるような気分になった。なんでもっと早くそれに気づかなかったのかと思ったぐらいだった。

沈黙のファイル

九三年の秋ごろから私は少しずつ仕事に復帰した。復帰したといっても面倒なルーティーンの仕事はほとんどせず、興味の持てるテーマを選んで連載企画をやる程度だったので遊んでいるのも同然だった。翌九四年の夏ごろ、社会部長にこう言われた。

「戦後五〇年企画をやってくれないか。先日、社長から『共同の戦後五〇年企画にはろくなものがない』と言われたんだ。テーマは何でもいい。取材チームの編成も担当デスクもお前の好きに選んでいいから、共同通信の目玉になる大型連載をやってくれ」

なんともオイシイ話だった。人員も取材費もテーマも制限なし。要するに加盟紙があっと驚くような戦後五〇年企画をやれというのである。私は一も二もなく仕事を受けた。そして最も腕の立つ後輩記者を一人（しばらくして二人になった）パートナーに選び、最も気心の知れたTデスクを担当デスクに指名した。

問題はテーマである。テーマの選び方が仕事の出来不出来を決定づけるから、二ヵ月ほど迷った挙げ句に「元大本営参謀・瀬島龍三《せじまりゆうぞう》」に決めた。それから七〇回にわたる長期連載を終え、一冊の本（『沈黙のファイル』（新潮文庫）、一九九六年の日本推理作家協会賞を受賞）にまとめ終わるまでの一年九ヵ月ほどは私の記者人生のなかで最も充実した時間だった。

私は取材の醍醐味《だいごみ》を心ゆくまで味わった。太平洋戦争、シベリア抑留、防衛庁の航空機商戦、日韓賠償ビジネス……瀬島が関わった歴史の大舞台の裏側を調べていくと、歴史を塗り替えるような新事実が次々と出てきた。そして何より、取材の過程で見えてきた日本の戦後の姿は、それまでの私の国家観・社会観・歴史観を転換させるものだった。自分はこの取材をするために記者になったのだと心底思った。

単行本の原稿を書き上げた九六年春、私は京都支局デスクへの異動を命じられた。さんざん抵抗したのだが、同期の記者たちはすでに地方のデスクに出ていた。私だけを特別扱いにするわけにはいかないというのが上司の言い分だった。

ちょうどそのころ単行本のゲラ刷りを見た編集局幹部から横やりが入った。新たに本の資料編として追加した元KCIA幹部の証言記録から読売新聞社長（当時）の渡邉恒雄《わたなべつねお》に関する部分を削れと言ってきたのである。渡邉には「右翼の黒幕」児玉誉士夫とともに日韓条約交渉の舞台裏でずいぶん手助けしてもらったという証言をそのまま出すと具合が悪いことになるのだという。要するに業界の超大物の神経に障るようなことをしたくないという編集局幹部たちの自主規制である。

私はもちろん削除を拒んだ。それでも何度も削るよう言ってきたので、

「それなら俺は会社をやめる」

と宣言した。ブラフではない。もうそろそろ潮時だろうと思ったのである。記者として取材や原稿書きができないのなら、この会社にいる意味はない。

私が「やめる」と言ったとたん編集局幹部は何も言ってこなくなった。これ以上やって本当に辞職でもされたら自分の責任が問われかねないと判断したのだろう。

五月の連休前、私は京都に赴任した。四カ月ほど支局で若い記者たちと一緒に働いた。デスクの仕事は記者たちに取材の指示をし、彼らの書いた原稿をチェックすることだ。と同時に、本社や大阪支社から降りてくる指令を記者たちに手配しなければならない。

本社や大阪支社からの指示がリーズナブルなら問題はない。だが、どうにも承服できないことがしばしばあった。例えば、他紙に載ったベタ記事でも、共同通信京都支局から出稿されていなければ「後追いしろ」と重箱の隅を突っつくようなことを言ってくる。

私はそのたびにはねつけた。若い記者たちには「自分が関心のあるテーマを深く取材しろ」「重要なニュースの取材に集中しろ」と常々言ってあったからだ。

ところが、本社や大阪支社は執拗《しつよう》だった。それで、いつも電話で喧嘩《けんか》になった。たまに特オチ（他社全部が載せた記事を、自社だけが掲載し損ねること）でもしようものなら、敵は「担当記者の始末書を出せ」と言ってきかなかった。私はもちろん拒んだ。それで、また喧嘩になった。

何度もそんなことを繰り返すうち、自分が組織のラインの末端に鎖でつながれ、じわじわと首を締め付けられているような気分になった。最も落ち込んだのは、私の不注意でミスをしたときだ。ヒラ記者時代なら仲間と酒を飲んで憂さを晴らすこともできたが、デスクとなるとそうもいかない。今度はミスをしないよう、万全の注意を払おうと思うようになった。

そうこうするうち、私は自分の変化に気づいて愕然《がくぜん》とした。いつのまにか私は、内心軽蔑《けいべつ》していた大阪支社や本社の連中と同じように、いや彼ら以上に小さなミスを恐れ、細かい、くだらないことにこだわるデスクになっていた。組織への過剰同調である。

私は恐ろしくなった。このままいけば自分が自分でなくなってしまう。もともと私の中には、誰にも縛られない、自由を求める志向性と、組織に適応しながらうまくやっていこうとする志向性がせめぎ合っていた。このままだと前者の志向性がやせ細り、後者の志向性が肥大化していくばかりだと思った。

九六年八月、私は共同通信をやめて東京に戻った。やっぱり以前のように自分で取材をし、原稿を書く仕事をしたいという思いが強まったからだった。当時は妻が同じ共同通信の記者として働いていたから、主夫業をやりながら、フリーのライターとして細々と仕事をつづけられれば、それで満足だった。

共同通信を辞めて一年後、私は読売新聞の社長（当時）渡邉恒雄の評伝取材に取りかかった。なぜ彼を選んだかというと、面白そうだったからだ。もう少し恰好《かっこう》をつけた言い方をすれば、彼のヒール（悪役）としての存在感に惹《ひ》かれたからである。

すでに述べたようにナベッツネ氏は日韓条約交渉の裏側で「右翼の黒幕」児玉誉士夫とともにキーマン的役割を演じていた。と同時に彼は敗戦直後、共産党の東大細胞で活躍したマルクスボーイでもあった。日韓条約交渉と東大細胞。この二つを軸にナベッツネ氏の軌跡を調べていけば、面白い評伝が書けるのではないかと私は計算した。

二年半ほど取材をして九九年春から「月刊現代」で連載を始めた。連載途中で困った問題にぶつかった。もともとナベッツネ氏のキャラクターや経歴の面白さに惹かれただけで、確たる問題意識を持って取材を始めたわけではなかったので、連載を通じて自分が何を書こうとしているのか、それがはっきり分からなくなったのである。

書くべき材料はたくさんあった。東大細胞時代のこと、日韓条約交渉のこと、新聞記者と政治家の癒着の実態……。しかし「結局のところ、この連載のテーマは何なのか」と自分の胸に問いかけても、漠たるイメージがあるだけで、一つの言葉に結晶しなかった。

テーマはこれだ！　と思えるようになったのは、半年間の連載が後半に差し掛かったころである。ちょうどナベツネ氏が読売新聞の中枢に駆け上っていく時代に入っていた。私は計三回、一〇時間にわたる本人のインタビュー記録を読み返してみてハタと気づいた。

政治部の腕利き記者として知られたナベツネ氏が読売のトップに駆け上るきっかけになった出来事は二つあった。一つは昭和四〇年（六五年）代に読売新聞が東京・大手町の国有地の払い下げを受けるときの政府との交渉で活躍したことだ。もう一つは昭和五〇年（七五年）の中部読売新聞社ダンピング事件で公正取引委員会が同社の不当廉売を立件する際、政界などに働きかけて公取委の動きを抑えようと画策したことである。

ナベツネ氏は私の質問に答えて、この二つの出来事についてかなりくわしく話してくれていた。なかでも中部読売ダンピング事件は彼の工作が不調に終わって公取委の係官に読売東京本社の社長室まで踏み込まれたことが悔しかったらしく、次のように語っていた。

「植木（当時の総理府総務長官の植木光教氏）は新人会（戦後の東大の反共運動組織）の仲間。三木武夫《みきたけお》は総理で、中曽根《なかそね》（康弘）が幹事長。みんな俺の親しい仲間なんだ。それなのに守りきれずに公取のチンピラ役人に社長室まで踏み込まれてしまった。社長室がガサ（捜索）というのは、新聞の神聖、言論の自由もへちまもねえじゃねえかと頭にきたわけだ」

読んでお分かりのように、ナベツネ氏の頭の中には、自分の会社の利益のために政府に圧力をかけるのは、報道機関の禁じ手なのだ、という意識がまったくない。国有地の払い下げを受けることや公取委を抑えるために政界工作をすることを少しも後ろめたく思っていない。本人にインタビューしたときは「ふんふん」と聞き流していたが、改めて読み返してみると、驚くべきことだ。いったい彼の精神構造はどうなっているのだろうか。

そう考えた瞬間、私は共同通信時代の出来事を思い出した。元警察庁首脳のスキャンダル記事を差し止めたとき、社会部長は「記事を出すメリットとデメリットを考えて、出さないほうがいいと判断した」と言ったが、そのとき私は「これほど破廉恥なことを平然と言ってのける、この男の精神構造はどうなっているのか」と思った。兄貴格として信頼していたデスクに裏切られたときも同じことを考えた。同種の事件が自分の身に降りかかるたびに「なぜ上司たちはこんなことを平気で言えるのか」といぶかしんだ。

つまり、私は共同通信時代にナベツネ氏の小型版を見ていたのである。彼らに共通するのは、ジャーナリストとして恥ずべきことをしているという後ろめたさのかけらもないことだ。共同通信の当該幹部たちだって「報道にあたっては自社の利益に拘泥してはならない」というジャーナリズムの理念を知らなかったわけではないだろう。

しかし、そんな一銭にもならない理念よりも組織を守り、自分の地位を守ることのほうが百倍も大事だと信じているのである。その落差があまりにも大きいがゆえに自分でもその矛盾に気づかない。だから平然としていられるのだろう。

そう思ったとき、ナベツネ氏の連載で自分が何を撃つべきなのかがようやく分かったような気がした。読売新聞にも、共同通信にも共通する腐敗の構造、それをえぐりださなければならないのだ。

戦後間もないころ自由と反権力の気概にあふれた紙面をつくっていた読売新聞がその後どのように変質していったか。その詳細は〇〇年五月に刊行された拙著『渡邉恒雄　メディアと権力』（講談社刊）を読んでいただければお分かりになると思う。私は『メディアと権力』のあとがきにこう書いた。

「取材開始から三年の間にこの国の様子もずいぶん変わったように思う。それを端的に表すのが昨年夏の国会で『日の丸・君が代』法案や『盗聴』法案などが相次いで成立し、改憲への動きが本格化したことだ。今年に入ってからも、石原都知事の『三国人』発言や、森首相の『神の国』発言など戦前の皇国ナショナリズムの復活を思わせる出来事が相次いだ。このままいけば、戦後の憲法が掲げた自由・平等・絶対平和の理念はやがて跡形もなく消えてしまうにちがいない。そうした潮流をつくりだすうえで渡邉氏が果たした役割は限りなく大きい。私は氏の取材を通じて戦後民主主義が崩壊してゆくさまを目の当たりにしたような気がする」

私はこのとき読売新聞が「ナベツネ」新聞に変わっていく歴史と、私が直接体験した共同通信の変質の歴史を二重写しにしていた。読売で起きたことと、共同通信で起きたことは、ことの本質において何ら変わりがない。たしかに共同通信では読売のように急激な「右旋回」は起きていないけれど、記者たちの緩やかな「右旋回」と、その裏に張り付いた組織の腐敗は確実に進行し、それは今も続いている。

私は読売を取材してはじめて、共同通信で起きた出来事の意味をはっきり知ることができた。もちろん共同には渡邉氏のような怪物はいない。しかし、ミニナベツネともいうべき上司なら掃いて捨てるほどいた。彼らはジャーナリズムの精神とは無縁な存在だった。彼らの害毒は一線記者たちの心を蝕《むしば》み、職場の空気を荒廃させていた。

そんな幹部連中に限って「訂正を出すな」「速報が遅い」「経費を節約しろ」と口やかましく部下たちを叱り、管理統制を強化して記者たちを萎縮《いしゅく》させていた。おかげで社内の自由な空気は失われ、記者たちが相互に分断されて、組織全体がもの言えば唇寒しの空気に覆われるようになった。

しかし、組織の変質を許してしまったのは他ならぬ私たちだった。私自身が上司らの理不尽な行為に遭遇したとき、彼らの責任を徹底的に追及できず、逆に泣き寝入りしてしまうことが多かった。たぶん同じようなことが他のメディアでもこの半世紀の間に何百回となく繰り返されただろう。

そのたびに本来のジャーナリズム精神（それはとりもなおさず戦後民主主義の理念でもある）が少しずつ失われ、職場の荒廃が進み、権力の暴走をチェックする機能が衰退していったのだと思う。

第三章　悪のトライアングル

読者はすでにお察しと思うが、共同通信や読売新聞で起きたようなケースは今のメディアの世界では決して珍しいことではない。もし読者がお望みなら、私はいくらでも類似のケースを挙げることができる。報道が権力の介入やメディア側の自主規制によってゆがめられるのは、ある意味では日常茶飯事だといってもいい。

しかし、それ以上に怖いことがメディアの世界ではもっと頻繁に起きているといったら読者は驚かれるだろうか。その実例を一つ挙げよう。二〇〇五年一一月から翌年に春にかけて日本中を騒然とさせた耐震データ偽装事件である。

「これだけは言っておきます。姉歯《あねは》の計算書偽造はまったく知りませんでした。これはヒューザーの設計三社、木村建設も同じだと思います。こんなことを知っていて、隠すばかがどこにいますか。報道により世の中が姉歯の仲間と思っていることに耐えられなくなりました。日々、姉歯の不正に対する処理におわれ、対応が追いつかず、後手、後手にまわり、他の設計三社にも迷惑をかけそうです。先のことを考えるともう無理です」

これは耐震強度偽装事件のさなかに自殺した森田設計事務所代表・森田信秀《のぶひで》（当時五五歳）

が残した遺書である。

森田は〇五年一一月二四日、東京・世田谷《せたがや》の事務所にこの遺書を残して消息を絶った。彼の遺体は二日後、鎌倉《かまくら》市稲村ガ崎《いなむらがさき》の鎌倉海浜公園の崖下約二〇メートルの波打ち際で見つかった。

そこから北西七、八キロの地点には彼が元設計を請け負い、姉歯が構造計算書を偽造したマンション「グランドステージ藤沢《ふじさわ》」がある。森田はそれを見に行った後で崖から飛び降りたのではないかといわれている。

私がこの遺書の内容を初めて知ったのは、森田が亡くなってから約一ヵ月半後の〇六年一月一〇日すぎだった。すでに新聞や週刊誌などでは遺書の後段である「姉歯の不正に対する処理におわれ、対応が追いつかず、後手、後手にまわり、他の設計三社にも迷惑をかけそうです。先のことを考えるともう無理です」という部分は報じられていたが、肝心の前段はどういうわけか伏せられていた。

当時、新聞やテレビ、雑誌の報道によって「悪のトライアングル」の構図が形作られていた。つまりデベロッパーのヒューザーとゼネコンの木村建設、それに「黒幕」の総研（経営コンサルタント）が共謀して構造設計者の姉歯秀次《ひでつぐ》（四八歳）に偽装マンション、ホテルをつくらせたのが事件の真相であると言われていた。

その根拠となったのが、「姉歯物件」は鉄筋量が極端に少なく、柱や梁《はり》も小さいという報道だった。だとすれば、そうした異常さに設計事務所やゼネコン、デベロッパーが気づかないなんてことはあり得ない。やはり彼らはコストダウンのために姉歯に偽装させたのにちがいない。少なくとも偽装を見て見ぬ振りしていたのではないか——。

国会に参考人として出頭した姉歯の「木村建設の篠塚明《しのづかあきら》・東京支店長に鉄筋を減らせと圧力をかけられた」という証言がそうした見方を裏付ける最も有力な証拠とされた。この期に及んで自らの責任をのがれようとするヒューザー社長の小嶋進《おじますすむ》（五二歳）や篠塚らは「天下の大悪党」だと誰もが思いこんでいた。

しかし、ダイイングメッセージ、人が死の間際に残した言葉に嘘はないと言う。森田の遺書の内容が真実ならば、マスコミや国会の場で取りざたされた「悪のトライアングル」の構図は崩れ去り、われわれは小嶋や篠塚らにぬれぎぬを着せていることになる。

いったいどっちが本当なのだろう。

地震力

私はまず「殺人マンション」の販売主として社会的非難を浴びたヒューザー（〇六年二月一六日に東京地裁が破産宣告）の小嶋や彼の部下たち、ヒューザーの依頼で姉歯マンションの元設計にあたった一級建築士たちにあたった。彼らのさまざまな証言のなかから、客観的な事実や、他の関係者の証言（たとえばイーホームズが自社のHP上で公開していたデータ）と矛盾しない（と私が判断した）データを取り出して、それらを時系列に並べてみると、事件の推移がおぼろげながら見えてきた。

ヒューザーの常務取締役で設計部長をつとめる曽我勝範《そがかつのり》（四五歳・一級建築士）の携帯電話に本社から事件の一報が入ったのは、〇五年一〇月二四日午前一一時ごろだった。

「イーホームズから『内部監査でGS（グランドステージ）北千住《きたせんじゅ》とGS竹《たけ》ノ塚《つか》の構造計算に疑義があることがわかった。至急、イーホームズに来てほしい』と電話があった」

GS北千住とGS竹ノ塚は、ヒューザーが民間確認検査機関イーホームズの建築確認を受け、これから着工する予定になっていた分譲マンションだ。いずれもスペースワン建築研究所（社長・井上正一）に元設計を、一級建築士の姉歯秀次に構造計算を依頼していた。

曽我はスペースワンと姉歯事務所に電話を入れ、

「そちらで互いに連絡を取り合ってイーホームズ担当者のアポイントをとってほしい」

と伝えた。しばらくして姉歯から、

「明日午後二時にイーホームズで打ち合わせすることになった」

という返事があった。

翌二五日午後二時、曽我は姉歯や井上とともに東京・新宿のイーホームズ本社を訪ねた。五階の会議室に入ると、危機管理室長の真霜典郎ら八人が待ち構えていた。

真霜がまず口を開いた。

「当社で社内監査を行い、二千物件中三物件を無作為に選びました。その対象の一つとなったGS北千住において構造計算の意図的改竄《かいざん》行為が確認されました」

つづいて別の幹部が、

「大臣認定の構造計算ソフトを改竄することは重罪です」

と言った。テーブルの上にはGS北千住の構造計算書が置かれていた。

やがてイーホームズの構造審査担当の部員が席を立ち、姉歯の席の横に回って、計算書の数値を拾いながら電卓をたたいた。その結果を姉歯に見せ、数値の整合性がとれないことの確認を求めた。

「確かに違いますね」

と姉歯は言った。

「では、大臣認定構造計算ソフトを改竄したことを認めるんですね」

「……」

姉歯は何も答えなかった。

「低減しました」

　イーホームズ危機管理室長の真霜が改竄の内容を説明した。

「GS北千住の地震〇〇は百％に対して五〇％になっています。他の三物件にも同じ改竄行為が認められました。GS竹ノ塚は四〇％、GS町田のA棟は五〇％、B棟七〇％、セントレジアス船橋《ふなばし》は五〇％です」

　文中の「地震〇〇」は曽我がよく聞き取れなかった個所である。それが「地震力」という言葉で、地震の際、水平方向から建物にかかってくると想定される力のことだと、彼が理解するのはずっと後のことだ。

　それでも真霜の言葉は曽我を驚かせた。改竄物件が未着工のGS北千住やGS竹ノ塚だけでなく、あらかた工事も販売も終わり、これから代金が入ってくる予定のセントレジアス船橋まで含まれていたからだ。

「我が社は年間七、八棟のマンションを分譲していますが、そのうちセントレジアス船橋一棟でも予定通り引き渡しできなくなると、（資金ショートで）倒産もしかねません。イーホームズが建築確認を出したということは合法的な建物と認めたということでしょう？　その意味でおたくに責任はないんですか」

曽我の反撃は一蹴《いっしゅう》された。

「構造計算ソフトの改竄行為はあってはならないことです。大臣認定ソフトを使っている場合は具体的な数値確認は省くことになっています。改竄するほうが悪いのであり、審査に問題はなかったと考えています」

イーホームズとの会議が終わり、曽我は電話で社長の小嶋進に今回の一件を初めて報告した。それから姉歯とスペースワンの井上を自分の車に乗せ、東京駅前のヒューザー本社に向かった。

車中で井上が姉歯を問いつめた。

「イーホームズが言ってたような改竄を本当にやったのか！」

「…………」

「どうなんだ！」

「いずれは分かってしまうことなので……地震力のみを低減しました」

ここで構造計算の仕組みをざっと説明しておこう。構造計算は、
①建物自体の重さや地震の際にかかる力を算定する「荷重計算」
②それらの荷重により柱や梁に生ずる力を算定する「応力計算」

③柱や梁などがその応力に耐える強度を持っているかどうかを調べる「断面算定」

――の三段階に分かれている。

姉歯が低減したという地震力は①の「荷重計算」の段階でコンピューターに入力する数値の一つだ。これが小さければ小さいほど柱や梁に生ずる力（応力）も小さくなり、その分だけ柱や梁の鉄筋量も少なくなる。

ただし、事件発覚後に国土交通省が発表した〇・三とか〇・五とかいった耐震強度（保有水平耐力比）とは違う数値である。

鶏のような男

午後四時すぎ、ヒューザー本社。社長の小嶋は姉歯と初対面の挨拶をし、名刺交換をしたうえでこう聞いた。

「姉歯さん、いったい何をやったの？」

「……………」

姉歯は口をつぐんだ。小嶋は同じ質問を二度、三度と繰り返した。すると、

「低減しました」

と、ようやく返事があった。

「何を低減したの？」

「……」

「何でやったの？」

「木村建設の要求が厳しくて……」

「木村建設はそのことを知ってるの？」

「知りません」

姉歯はそれ以上、何を聞いても口を開こうとしなかった。弁明も謝罪もする気がないらしい。悪びれた様子もまったくない。小嶋は次第に気味悪くなり、いったん渡した名刺を別れ際に返してもらった。小嶋の回想。

「なんか、鶏とでも会話してるの？　みたいな感覚になってきちゃって。馬とか犬だったら何となく目の表情とかで通じますけど、鶏とはまったく気持ちが通じないでしょ。いったいこの人はどういう人間性なんだって、そういう気持ちの悪さを彼に感じたんです」

その日の午後七時半ごろ、ヒューザー設計部長の曽我は姉歯と一緒に千葉県市川《いちかわ》市にある姉歯の事務所に行った。彼が計算したマンションの構造が実際にどうなっているのかを調べるためである。

そこで小嶋と同じことを改めて聞いた。

「何を低減したんですか？」

「地震力割り増し係数です」

「どういう係数？」

「……………」

地震力割り増し係数とは、先ほど説明した地震力の大きさを示す係数である。基準値は一だが、地域によって若干の増減がある。例えば地震が多くて規制の厳しい東京の場合は一・二五と入力しなければならないが、地域によっては〇・八のところもある。

曽我は係数の意味を繰り返し尋ねたが、姉歯は説明しようとしなかった。こうなったら後で他の構造計算の専門家に聞くしかない。

「じゃ、低減した数値はどうなってるの？」

「紙に記録したものはありません。パソコンの中のデータを見ないと」

姉歯はパソコンを開いた。曽我はヒューザーのパンフレットを見ながら、ヒューザーが過去に分譲したもので、姉歯が構造計算したマンションの名前を挙げていった。

「GS船橋海神は？」

「X方向（建物の縦方向）が〇・九、Y方向（建物の横方向）一・〇」

「セントレジアス船橋は？」

「X方向が〇・五五、Y方向も〇・五五」

「GS茅場町《かやばちょう》は？」

「A棟がX〇・五、Y〇・五。B棟はX〇・二五、Y〇・三五」

曽我が聞いた。

「GS船橋海神だけはずいぶん数値が違うんですね」

「これは結構きれいな建物ですから、問題ありません」

きれいな建物というのは、バランスがよくて構造設計の難しくない建物という意味らしい。

だが、このGS船橋海神は問題ないどころか、偽装物件のなかでも耐震強度が極めて低い建物であることが後に明らかになる。

「そんなことが……」

曽我は姉歯がパソコンから引き出した七つのマンションの「地震力割り増し係数」をパンフレットに記入していった。作業の途中で小嶋から携帯電話に連絡が入った。

「姉歯をあまり追いつめるな。いい加減に切り上げろ。万一、行方不明にでもなられたら困るからな」

その夜遅く、曽我は姉歯の運転する車で自宅まで送ってもらった。東京都北区の「GS浮《うき》間《ま》公園」、姉歯が構造計算を担当したヒューザーの分譲マンション（後の国交省発表では耐震強度〇・七）である。三年前、曽我が売れ残った一戸を会社から買い受けたものだ。

翌二六日、社長の小嶋はヒューザーの販売代理会社・ヒューザーマネジメント社長の犬山《いぬやま》正一《しょういち》（一級建築士）らと、以前から予定していたゴルフに出かけた。この時点では小嶋は事態をあまり深刻視していない。

翌二七日午前一〇時すぎ、ヒューザー本社で小嶋は曽我の報告を受けた。曽我は、姉歯が「低減した」という七つのマンションの係数をメモしたパンフレットを小嶋に見せた。

「これ、何？」

「姉歯が低減した地震力割り増し係数です」

「どういう係数？」

「建物の耐力をシミュレートする際に入力する数値らしいのですが……」

その場にいた犬山がパンフレットを見るなり声をあげた。

「俺のところが一番低いのか。参ったな」

犬山はGS茅場町B棟に住んでいる。この棟の数値は七物件中で最低だった。それを聞いて、小嶋が言った。

「ワンちゃん（犬山）のところが一番低いんだ。笑っちゃうよね。アハハハ」

犬山が曽我に言った。

「しかし、この数値と建物の耐力は直接関係ないんだろ？　実際の耐力がどの程度のものなのか、それを調べてくれよ」

まもなく、マンションの元設計を請け負ってきた事務所の代表たちがヒューザー本社に顔をそろえた。スペースワンの井上正一、森田設計事務所の森田信秀、下河辺《しもかわべ》建築設計事務所の下河辺隆夫《たかお》、エスエスエー建築都市設計事務所の佐々木一美《かずよし》の四人である。

曽我がイーホームズや姉歯から聞いた内容を説明すると、佐々木が驚きの声をあげた。

「そんなことができるのか？」

「簡単に数値の入れ替えができるんだよ」

と、イーホームズとの会合に出ていた井上が補足説明した。それを聞いて佐々木と森田が同時にため息をついた。

「そんなことだったのか……」

ブラックボックス

おそらく読者は、これまで登場してきたヒューザー幹部や設計事務所長たちが構造計算の実務にあまりに無知なことに疑問を抱かれただろう。だが、それが建築界の実態なのだと私は取材して思った。

全国約三〇万人の一級建築士のうち、建物の安全性を支える構造設計者はわずか四％の一万人前後しかいない。本当の専門家となると、さらに少ない三千人前後だろうと言われている。そうなったのは、日本の建築界で「構造」設計者は「意匠」設計者の下請的存在とみなされ、低い報酬で過酷な作業を強いられるからだ。ある構造設計者は自分の境遇を「まるで奴隷のようだ」と言った。

それだけならまだしも、構造設計者とその他の建築関係者たちの間に横たわる専門知識の溝は驚くほど深い。この溝は一九八〇年代に急速に進んだ構造計算のコンピューター化によって決定的に深まった。

東京工大統合研究院教授の和田章《あきら》によると、七〇年代までの構造計算は手計算で行われていた。荷重を加えたときに生じる応力や鉄筋配置の検討をするのは要所要所の柱や梁についてだけで、骨組みの全体像は構造設計図に読みやすくまとめられていた。

このため一定の知識さえあれば、現場の施工担当者も計算書を読むことができたし、建築確認の審査にも計算書は大いに役立った。

ところが八一年の建築基準法改正で新たに保有水平耐力計算（その意味は後述する）が導入されたことにより、すべての柱や梁の強度計算と、すべての壁の評価をしなければならなくなり、計算量が膨大になった。

コンピューターなしでの構造計算が困難になり、その計算過程も複雑で人間の手で検証することが難しくなった。プログラム自体がブラックボックス化し、コンピューターからアウトプットされた計算書の内容も複雑な数字と記号が延々と並び、専門家でなければ解読できなくなったという。

クラック

○五年一一月二七日、ヒューザー本社での出来事に話を戻そう。午前一一時から社長室でイーホームズとの二回目の会議が開かれた。会議にはイーホームズ社長の藤田東吾《ふじたとうご》のほか姉歯も出席したが、小嶋の指示で姉歯は途中から席を外し、別室で待機した。
小嶋は冒頭から、すでに分譲をほぼ完了しているセントレジアス船橋の検査済み証を出すようイーホームズ側に要求した。

だが、イーホームズ側は拒否し、直ちに国土交通省などに報告したうえで改竄事件があったことを公表すると通告した。

小嶋は激怒した。

「セントレジアス船橋の検済みがおりなければ、一斉に購入者から買い取り請求がくる。そうなったら我が社は倒産だ。どうしても公表するというのならカネが入ってからにしてくれ。三年間も（改竄を）見過ごしておいて……お前のところが悪いんじゃないか」

検済みをおろせ、おろさないで会議は三時間近く堂々巡りを続けた。終わり間際になって小嶋は姉歯を別室から呼び寄せた。

「姉歯さん、実際のところどうなのよ。地震が来ても問題ないんでしょ？」

小嶋の問いに姉歯があっさり答えた。

「この前の千葉の震度五の地震でもゼネコンさんのほうからクラック（ひび）が入ったなどというクレームがきませんでしたから」

イーホームズとの会議が物別れに終わった後、小嶋は木村建設東京支店に電話した。支店長の篠塚明（四五歳・一級建築士）に改竄があったことを知らせるためだ。

このとき篠塚は上海《シャンハイ》にいた。現地の工場に委託生産している木製建具の検査を実施するためだ。東京支店からの連絡で篠塚は小嶋に電話した。二人の会話は極めて重要と思われるので、その模様を詳しく再現してみよう。

小嶋「あー篠塚支店長。姉歯さんがね、出した構造計算が改竄されてインチキだったんだってさ」

篠塚「エッ……」

小嶋「イーホームズがそれを今回、内部監査で知って……各設計事務所の連中も寝耳に水でさ。姉歯のほうも『木村建設も誰も（改竄は）知らない』と言ってるわけよ。（イーホームズは）こうなったら検済みもおろせないと言ってるわけよ。（姉歯は）一・二五の地震に対する水平力とかっていうのを〇・五で処理してるんだってさ。だから半分以下ぐらいの地震力しかないみたいなのね。極めて悪質なものを、そのー、改竄してやったと」

冷や汗

小嶋の説明を聞くうちに篠塚の頭の中は真っ白になった。受話器を握る手がふるえ、冷や汗が出てきた。

小嶋「入力と出力と違うものを、途中で貼り付け合わせてたということらしいね。まっ、これまでに竣工《しゅんこう》したものに関してはさ、これから国とイーホームズと姉歯設計を相手取って損害賠償請求（を起こし）、あとは刑事告訴だわね。（イーホームズは）何も審査しないで結局（建築確認を）おろしてたってことだよね。過去何年にもまたがって。まー、ひどい話になっちゃった」

篠塚「……」

小嶋「おたくほとんど姉歯だろ？　そうすると、おたくの建物はほとんど不法建築ということになっちゃうよ。まさかそんな不法行為を、資料改竄しても低減しろなんて誰も言ってないでしょ？　しかしながら向こう（姉歯）のほうは、頼まれもしないのにやってたみたいね。まだ聞いてない？　その件、（ヒューザー設計部長の）曽我から」

篠塚「いや、聞いてません」

小嶋「ンー驚いちゃったよ。そんなこと聞いて、木村社長、心臓止まらないかなー。ほーんと心配になってきちゃったよ。俺もうちの会社はもうこれでだいたい終わりだと思って覚悟は決めているけどさ。おたくはもっとひどいだろ？　だいたいがそこ（姉歯）でやっているんであれば」

篠塚「そうですね……」

小嶋が言うように、姉歯は木村建設東京支店の仕事の大半に携わっていた。そうさせたのは篠塚自身である。もし篠塚が姉歯を起用しなければ、ヒューザーのマンション建設に姉歯が関わることもなかっただろう。

小嶋「姉歯さんも、あのー、気違いだったね。壊れてた。何年ぐらい付き合ってんの？あの人とおたくの会社」

篠塚「（GS）池上《いけがみ》（の建設）をやる前ぐらいですかね」

小嶋「ほいじゃ、うちの（GS）池上のちょっと手前ぐらいからなんだ」

篠塚「はい」

小嶋「なるほどね。わかりました。とりあえず、じゃそういうことで。はい」

篠塚は木村建設社長の木村盛好《もりよし》に一報を入れた。翌二七日朝の便で急遽帰国し、姉歯に電話をかけた。だが、姉歯は「（GS）北千住の件でどこかのゼネコンが突っ込んだ（タレ込んだの意か？）のでイーホームズ（の監査）に引っかかったんです」と言うだけで詳しい事情を説明しようとしなかった。

GS北千住を施工したのは別のゼネコンだった。問題は、木村建設グループが設計・施工した物件の構造計算まで改竄されていたかどうかだ。もし、それまで軒並み改竄されていたのなら木村建設の倒産は免れない。

姉歯は「木村さんの（設計・施工）案件はやってません」と何度も繰り返した。篠塚はそれを信じたかった。だが、時間がたつにつれ、次第に明らかになってきた事実は姉歯の言葉を裏切るものばかりだった。

大分工法

事件発覚でクローズアップされた姉歯と篠塚のかかわり。そのいきさつを知るために、熊本県八代《やつしろ》市の小さな鉄工所だった木村建設の急成長の歴史を振り返ってみよう。

地元の建設会社員だった木村盛好が義兄経営の鉄工所を受け継いで独立したのは六三年のことだ。それから十数年後の七〇年代後半に木村建設の事業は拡大し始める。きっかけとなったのはコンサルタント、総合経営研究所の所長・内河健《うちかわたけし》との出会いである。

内河はコスト管理の徹底と社員教育の重要性を説き、「いずれ公共事業はなくなる。建設業者が生き残るには全国展開するしかない」と繰り返した。木村建設は内河の指導に従い、八〇年代後半から福岡や広島、東京などに進出していく。

新技術の習得に積極的だった木村は八五年ごろ、内河の紹介で「大分工法」に出合う。大分工法とは、大分市の飯田建築設計事務所が編み出したローコスト工法である。

大分工法は、それまで業界で当たり前のように思われていた資材や工程の無駄を徹底的に省き、さらには建物のデザインをシンプルにし、バランスの良い設計を工夫することで「平均的勤労者が年収の三〜五倍で購入できるマンションづくり」を実現させた。大手ゼネコンの清水《しみず》建設もこれに注目し、その合理性を確認していた。

木村は篠塚ら社員を連れて大分に通い、飯田設計とタイアップしたマンション建設に乗り出した。その結果、建設費の大幅削減に成功しただけでなく、同じ条件の土地でいままでより多くの戸数を建てられるようになった。

業界での評価が高まるにつれ、木村建設の年商は五億円から一〇億円、四〇億円と拡大していった。木村建設の元幹部が語る。

「ところが八〇年代末になって総研と飯田設計の仲が悪くなったんです。総研が海外の建築資材導入に熱心なのに対し、飯田設計は国産で十分やっていけると主張して譲らなかった。結局、総研と木村は飯田設計と別れ、それに代わるものとして八九年（平成元年）に子会社の平成設計をつくったんです」

九〇年代に入ると木村建設は全国各地でビジネスホテルやマンション建設を手がけるようになった。だが、設立間もない平成設計には構造計算のできるスタッフがいない。

「そこで頼ったのが熊本市の中山構造研究所だったんです。代表の中山明英《あきひで》さんは飯田設計の構造計算を担当していた人で、大分工法の考え方をよく理解しているし、腕がいいと評判だった。それに平成設計の初代社長（故人）とは同じ熊本の青年会議所の仲間だという縁もあったと聞いています」（木村建設元幹部）

剛構造と柔構造

九八年三月、異色のゼネコン・木村建設の紹介記事が日経新聞に掲載され、ヒューザーの小嶋の目に留まった。小嶋の回想。

「欧米の大型システム型枠を導入して、日本ではだいたいワンフロア二週間かかる工程を四日間でやっているゼネコンという紹介記事だったんです。ずいぶん斬新なことをやっているんだな、とりあえず話をきいてみようと熊本県の木村建設本社を訪ねたんです」

システム型枠は総研の内河がドイツから学んできたものだ。建設現場で生コンクリートを流し込む型枠は木製の小さなもので一回ごとに使い捨てするのが常識だった。それを大型で半永久的に使える金属製にすることで工期短縮とコストダウンができるという。

ただ、システム型枠は画一的な部屋づくりをするビジネスホテルなどにしか使えない。小嶋はそれより「柔構造の設計・施工で鉄筋コンクリートのマンションを造っている」という木村盛好の言葉に衝撃を受けた。

従来型のマンションは太い柱と梁をしっかり固定して頑丈な建物をつくり、地震で壊れないようにする剛構造だった。それに対して建物の「粘り」を強め、柳が風でしなるように揺れながら、地震のエネルギーを吸収しようというのが柔構造である。

粘り強い柔構造にすれば柱や梁も細く、軽くなり、大幅コストダウンもできる。これは大分工法の基本思想であると同時に、戦後の建築界で有力になった考え方でもあった。

木村は「建設会社百社のうち九九社は剛構造でしかやらないから、ウチの新しい工法を（建築確認をする）建築主事に理解してもらうのが大変なんです」と小嶋に言った。

小嶋は東京都大田区につくる九階建てマンション（GS池上）の施工を木村建設東京支店

に依頼した。発注金額は約五億円。相場より一億円も安かった。そのとき東京支店の篠塚が構造計算を発注したのが姉歯である。

篠塚が姉歯と知り合ったのはこれより二年ほど前のことだ。当時、東京支店が建設していた文京区のマンション（鉄骨・鉄筋コンクリート造）で使う予定の特殊な鉄骨の調達が難しくなり、代わりに別種の鉄骨を使わざるを得なくなった。

構造計算のやり直しをしなければならない。だが、当時の木村建設は東京に進出して日が浅く、構造設計者のツテもほとんどなかった。篠塚が鉄骨業者に相談したところ、業者が紹介してくれたのが姉歯だった。

GS池上は東京支店が姉歯に発注する初の大仕事である。その際、篠塚は熊本の中山明英が手がけた同型マンションの構造図と積算表（使用した鉄筋量やコンクリート量を記載したもの）を姉歯に渡してこう言った。

「この程度の積算でまとめてくれ」

構造的なセンス

構造計算は永年の経験と直感がものをいう経験科学である。まず建物に加わるすべての重さを求め、それにより各階の柱や梁に生じる応力を算定して、それに耐えうる部材の断面を決めなければならない。

したがって部材の寸法は重さが分からなければ決められない。一方、重さは部材の寸法が分からないと決められない。この矛盾を解決するには部材寸法を仮に定めて計算するしかない。その結果決定した部材の寸法が仮定した寸法と一致すればいいのである。一致しないときは、同じ作業を一致するまで繰り返すことになる（望月重著『ビルはなぜ建っているかなぜ壊れるか』文春新書より）。

なかでも徹底的に無駄を削ってコストダウンをはかる「経済設計」には相当な経験と力量が必要になる。後に篠塚が国会に提出した「鉄筋量の積算対比表」を見てみよう。そこには姉歯のほか、飯田設計のローコスト工法に習熟した中山らが構造計算したビジネスホテルの鉄筋量が記されている。

姉歯の偽装物件の鉄筋量は最低五九・二キロから最高一〇二・五五キロ。一方、中山らが計算した分の鉄筋量は最低五一・一四キロから最高一一〇・二キロとほとんど変わらない。それでも中山らの物件は法令に定められた耐震強度（保有水平耐力比）一・〇をクリアしている。

姉歯は宮城県の工業高校を卒業後、建築会社勤務を経て東京・神田の設計事務所で七年ほど修業して九〇年に独立した。その後、独学で一級建築士試験に合格しているが、中山のように専門的な技能を磨いた形跡はない。

中山は「積算対比表」の国会提出をきっかけに各報道機関から殺到した問い合わせに次のように答えている。

「今回の事件は、勉強不足のあほな建築士がきちんと検討されている合理的な設計の結果を真似しただけです。何故そうなるのかの技術的な裏付けをせずに形だけ真似をした（所謂偽造ですが）だけのことです。姉歯物件の図面を見る機会があったのですが、必要な鉄筋を少なくしているのに、その他のところに無駄な鉄筋がたくさん入っています。構造的なセンスが悪すぎます。（中略）バランスのとれたデザインにすれば現行の耐震強度を満足する建物が六〇kg／mでも設計はできます。（中略）ちなみに同じくらいの鉄筋量で建っているホテルが、ほかの建築物が被害を受けているにもかかわらず八戸《はちのへ》の地震や、釧路《くしろ》気象台がこわれた釧路沖地震において無被害で営業をつづけております。すなわち鉄筋が多ければいいという訳ではないのです」

おそらくその通りだろう。篠塚が犯した過ちは、十分な経験や実績を持たない姉歯に中山並みの能力を要求したことだったのではないだろうか。

差し替え

姉歯は偽装に手を染めた理由について国会で次のように証言した。

「木村建設東京支店長の篠塚氏から鉄筋量を減らすよう相当プレッシャーを最初からかけられました～（中略）当時、木村建設から仕事の九〇％くらいを請け負っていたので、『鉄筋を減らさないと仕事を一切出さない』というので、仕事がなくなると生活ができなくなるのでやむを得ずそういうふうになった」

姉歯が篠塚から相当なプレッシャーをかけられたのは事実だろう。しかしGS池上は姉歯が木村建設から受注した初めての本格的な仕事だ。「木村建設から仕事の九〇％くらいを請け負って」「なくなると生活ができな」くなるのは、ずっと後のことである。

では、GS池上で偽装に踏み切った本当の理由は何だったのか。その答えのヒントになる言葉を姉歯は産経新聞のインタビューに漏らしている。

「時間がなく、とりあえず（構造計算書を確認機関に）出した。後で差し替えようと思っていたので、単純な偽造だった」

差し替えとは何か？　日本建築構造技術者協会（ＪＳＣＡ）会長の大越俊男《おおこしとしお》によると、建築確認の際、意匠や構造に関する図面や計算書を同時に出すことになっているが、実際に構造審査が始まるのは意匠審査が終わった後だ。このため当初は適当にダミーの書類を提出しておき、「意匠」審査の間に正規のものを作成して、構造審査の呼び出しがあったときに差し替えるという。大越が語る。

「われわれは三〇年間ずっとそうやってきたんです。おそらく姉歯さんは意匠審査の間に正規の書類を作って呼び出しがかかったら差し替えようと思ってたんでしょう。そうしたら呼び出しが来ずに差し替え前の書類が通っちゃった。エッと思ったんじゃない？　だけど通ったら変えられない。呼び出しさえあったら、あの偽装は絶対なかったと思う。非常に不運というか、信じられない事件ですね」

「世界の最高水準」

最初の偽装物件とされるGS池上の構造設計に、違和感を抱いた人間がまったくいなかったわけではない。小嶋の依頼でGS池上の全体企画を請け負った下河辺建築設計事務所の所員が『ちょっと柱の配筋（鉄筋の量）が少ないんじゃないか。耐震性能は大丈夫か』と思い、平成設計と姉歯に問い合わせた。

その時、姉歯から寄せられた回答が書面で残っている。日付は平成一〇年九月二九日。姉歯は「本建物の耐震性能について」という項目に次のように書いている。

「耐震設計について建築基準法施行令の変遷を別紙にて添えますが、ご覧いただいておわかりいただきたいのは、我が国の耐震設計の歴史は、鉄筋コンクリートの造の発達と被害地震の歴史といっても過言ではなく、耐震設計は鉄筋コンクリートの導入から始まり、その設計法は、地震による大きな被害を経験して発達・改正されてきました。現在の耐震設計法は日本独自のものではありますが、アメリカ西海岸のそれと並び、世界の最高水準といわれております。（中略）関東大震災・兵庫県南部地震クラスの地震が起きても、先に述べた法令に適合している故、壊滅的崩壊はしないと判断しております」

要するに「日本の耐震設計の技術水準は世界最高だから心配ない」というあまり意味のない返答なのだが、元設計の平成設計から返ってきた答えは筋の通ったものだった。

下河辺の証言。

「従来のマンションはX（横）方向だけに壁を入れ、Y（縦）方向は壁のない開口部というのが多いが、うちは両方向に壁を入れ、それを十字に交差させる。そういう耐震壁を何枚も入れると建物の耐力が上がる、九州の大学の先生もそういう考え方をしているとの返事でした。なるほど、それで鉄筋量が少ないのだと納得したんです。GS池上はそれで建築確認がおりた。次のGS赤羽も同じやり方で確認がおりたから、もう疑う余地はありません。鉄筋量が少なくていけるんだと」

ヒューザーと木村建設のマンションづくりが回を重ねるにつれ「経済設計のできる有能な構造設計者」として姉歯の評価を高めていった。実際には彼は荷重や地震力の入力値を減らして「熟練」を装ったにすぎなかったのだが、誰もそのからくりに気づかなかったらしい。ブラックボックスと化した計算プログラムと、形骸《けいがい》化した建築確認システムが偽装を覆い隠してしまったからである。

第四章　官僚たちの思惑

二〇〇六年一二月二六日、耐震偽装事件で建築基準法違反と議員証言法違反（偽証）などの罪に問われた元一級建築士、姉歯秀次の判決公判が東京地裁で開かれ、川口政明《まさあき》裁判長は「耐震偽装問題の最大の責任は、構造計算書を改竄した被告にある」として姉歯に求刑通り懲役五年、罰金一八〇万円を言い渡した。

判決要旨のなかで川口裁判長は「自己の責任を軽減しようと、木村建設の篠塚明・元東京支店長の圧力で改竄に及んだとの虚偽証言で責任転嫁を図った。罪状をとつとつと語っているかのように装いつつ、市場原理に屈した犠牲者であるかのように演じ、犯行態様は巧妙だった」と姉歯を厳しく非難した。

耐震偽装事件の真相が姉歯の個人犯罪だったことは、私の取材でも疑問の余地がないほど明らかになった。では、なぜ「悪のトライアングル」という間違った事件の構図がつくられてしまったのか。もう一度、事件発覚当初の関係者たちの動きを別の角度から振り返ってみよう。

「住民のみなさんのお気持ちは察するに余りある。誠に遺憾。二度と起きないように指導を徹底していく」

〇五年一一月二七日、耐震強度偽装事件の発生を告げる国土交通省の緊急会見で事務次官の佐藤信秋《のぶあき》はそう語り、完成済みのマンション二棟が震度五強程度の地震で倒壊の恐れがあることを明らかにした。

さらに週明けの二一日、国交省は偽装の疑いのある二一棟のうち一六棟が震度五強で倒壊の恐れがあると発表。二五日には「耐震補強が困難な強度（保有水平耐力比）〇・五以下のマンション住民には退去勧告」という事実上の取り壊し命令を発した。その後、姉歯の偽装物件は約百件にのぼることが明らかになり、国交省の方針に従って取り壊されるマンション、ホテルが各地で相次いだ。

だが、こうした国交省の対応に構造の専門家たちから不信の声が上がった。新聞などではほとんど報道されなかったが、〇六年三月六日、「耐震偽装事件に何を問うべきか――本当の黒幕は誰だ――」と題した耐震工学研究会主催のシンポジウムが都内で開かれた。

このシンポジウムでは研究者や実務家から国交省に対する厳しい批判が相次いだ。

「国交省が『震度五で倒壊のおそれ』と発表したが、なぜそんなことが言えるのか？　もし、間違っていたら、国交省がやったことは計算書偽造よりもはるかに大きな犯罪になる」

「『強度〇・五以下の建物は取り壊し』の方針にはまったく根拠がない。取り壊しの決まったホテルやマンションには耐震補強で対応できるものがたくさんあるはずだ」

「この事件に黒幕はいない。あほな役人が烏合《うごう》の衆のエンジニアを集めてワーワー騒いでいるだけ。それにマスコミが乗って何がなんだか分からなくなっている」

国交省の勧告で退去した住民や、取り壊しを決めたホテルのオーナーが聞いたら目をむきそうな話のオンパレードだった。構造設計のエキスパートたちはなぜ国交省にこれほど不満を募らせたのだろうか。

あやふやな数値

その理由を理解していただくには、まず耐震強度を測る物差しとされる保有水平耐力比についての若干の説明をしなければならない。

建築基準法施行令が定める建物の耐震性能は、

①二、三〇年に一回来ると想定される中規模地震（気象庁震度五程度）に対し概《おおむ》ね無被害であること

②百年、二百年に一回起きるかどうかの大地震（震度六、七）に倒壊せず、人命が守られること

の二点を最低基準としている。保有水平耐力比とは②の大地震時の耐力を測るもので、これが一以上あれば震度六強の大地震でも倒壊しないとされている。

「〇・五以下は震度五強で倒壊の恐れ」と発表した国土交通省の理屈はこうだろう。

震度六強の地震動は四〇〇ガル前後の地表面加速度に相当し、震度五強は二〇〇ガル程度に相当する。保有水平耐力比一の建物なら四〇〇ガルまでもつが、耐力比〇・五の建物は半分の二〇〇ガルで限界に達する。だから〇・五以下の建物は震度五強で倒壊の恐れがある。

一見もっともな理屈のようだが、実は気象庁震度と加速度は直接には結びつかない。気象庁ホームページによると、震度は加速度波形から計算され、加速度の大きさの他に揺れの周期や継続時間が考慮される。だから「最大加速度が大きい場所が震度も大きくなるとは限らず、たとえば「震度七が加速度で何ガルに相当すると言えません」という。

そのためか、同じ国交省系の出版物でも「震度五強」を「八〇〜一〇〇ガル」相当とするものもあれば、「二〇〇〜二五〇ガル」相当とするものもあるといった具合だ。

仮に震度五強が一〇〇ガル程度で震度六強が四〇〇ガル程度なら、保有水平耐力比が〇・三以上あれば、震度五強の地震に遭遇しても倒壊まではしないという計算になる。姉歯の偽装物件約百件のうち〇・三を下回る物件はGS藤沢や京王プレッソイン茅場町など三件しかない。

姉歯は小嶋の問いかけに「この前の千葉の震度五の地震でもクレームがきませんでしたから」と答えているが、実際に〇五年七月、東京都足立区で震度五強、それ以外の東京や千葉、埼玉、神奈川などで震度五弱を計測した地震が起きている。その際、姉歯が偽装したマンションやホテルが倒壊したり、壁にひび割れが入ったという報告は一件もない。

もし「震度五強で倒壊の恐れ」という国交省の発表が正しければ、この首都圏を襲った地震の際に倒壊するか、壁にひび割れが生じる姉歯マンションが続出してもよかったはずだが、そういう事実は一切ない。国交省の発表は間違いだったと言っていいだろう。

東大工学部教授の神田順《じゅん》も言う。

「国土交通省の発表はオーバーだったなという気がします。震度五強で倒壊の恐れがあるかどうかは個々の物件を詳細に調べなければ分からない。耐震強度は算定の仕方や計算プログラム、それに建物の地盤によってもすごくばらつきが出るんです。単に一つの決まったやり方で計算し、それで〇・五以下は取り壊しというのもちょっとセンセーショナルに走りすぎているなという印象です」

京王プレッソイン茅場町

耐震強度にばらつきが出るのは、同じ建物の構造計算でもコンピューターに入力する数値が人によって異なるからだ。

たとえば小さめの窓のついたビジネスホテルの外壁を想像してほしい。この壁を耐震性のある壁と評価するかどうかの判断は設計者によって違う。耐震壁とみなせば周囲の柱や梁の鉄筋を減らすことができる。逆の場合は鉄筋量を多くしなければならない。

壁の評価だけでなく、建物の荷重を支える梁の長さを接合部の芯から測るか、それとも外側から測るかによっても、その梁が耐えられる荷重の大きさは変わってくる。

同じようなことは建物の構造形式にも言える。建物の形式は①ラーメン（ドイツ語で額縁）構造　②耐震壁のついたラーメン構造　③それ以外のものの三つに分けられる。それぞれ計算式に入力する剛性率（耐力を算定する際の重要な要素）が違うのだが、その建物が①②③のどれに該当するかは計算者によって見解が異なる場合がある。

前出の東京工大教授・和田章が語る。

「要するに構造設計というのは設計者がどう思うかの世界なんです。耐震強度の判定もどう思うかによって違ってくる。たとえば偽装ホテルのオーナーから『ホテルを取り壊したくない』と言われた設計者が数値が大きく出るように計算すれば、国交省が〇・五としたホテルが〇・八ぐらいにできちゃう。逆にオーナーに『取り壊したい』と言われたら、〇・六ぐらいのものでも〇・三に小さくすることもできる。何で小さくしたのと尋ねられたら『だって僕はこの壁は地震の時に効かないと思う』と言えばいいわけですから」

強度判定のばらつきは、使用する計算プログラム（大臣認定ソフトだけで一〇六種類）の違いなどによっても生じる。こうしたばらつきが極端な形で現れたのが、姉歯が偽装した奈良県のビジネスホテル「サンホテル大和郡山《やまとこおりやま》」だろう。県の調査では耐力比が〇・四七、建築主が依頼した再計算では〇・六七だったのが、民間検査機関・日本ＥＲＩの調査では〇・九四という結果が出た。

つまり国交省が発表した保有水平耐力比は耐震強度を測る物差しの一つにすぎないのである。その建物を取り壊すかどうかを決める絶対的な数値ではあり得ない。

耐震工学研究会シンポジウムでは構造設計のエキスパートとして知られる「構造設計集団」代表の渡辺邦夫《くにお》がこう指摘した。

「震度五で倒壊するという京王プレッソイン茅場町（国交省発表〇・二六）は見た感じ、しっかりしたホテルで何も問題ない。鉄筋量とか細部に問題あるかもしれないが、ちょっとした地震で壊れるとは思えない。壊れるとしたらロビーやレストランのある一階だから、一週間ほどかけて（一階を）補強すれば当面使っていいわけです。それを国交省は即営業停止にした。おかしいですよ。こういうふうに補強したら、この建物は使えるよというのが国交省の役割じゃないですか」

「それから姉歯さんが計算した湊町《みなと》（二丁目）中央ビル（国交省発表〇・三七）の図面を入手したので、今チェックしているんですが、一階平面図の柱と梁の平均剪断《せんだん》応力度が一二キロ

／平方センチなんですね。こんなの震度五くらいで壊れるわけがない。それをなぜ国交省はあんなことを言うのですかね」

限界耐力計算法

国交省の迷走ぶりは強度の計算法をめぐる問題でさらにあらわになった。

法令に定められた計算法は、実は保有水平耐力を測るもの（正式には許容応力度等計算法と言う）以外に、
①最も精密とされる時刻暦応答法
②エネルギー法
③地盤の特性に応じた限界耐力法
の三つがある。どれを選ぶかによって強度を示す数値は異なるのだが、国交省は保有水平耐力だけで建物の強度を判定してきた。

国交省が事件発覚後に設けた緊急調査委員会でこの問題が取り上げられた。委員の千葉大教授・小谷俊介《おたにしゅんすけ》が「住民を退去させる以上は（保有水平耐力だけで決めるのではなく）現代において最高の技術を使って判断するべきではないか」と指摘したのである。

これに対し国交省は、姉歯が使ったのが保有水平耐力計算であることや「他の計算法でや

っても耐震基準をクリアする可能性が極めて低い」ことなどを根拠に事実上、保有水平耐力一本で行く方針を明らかにした。

ところが、その後、姉歯以外の偽装・強度不足物件の存在が福岡、熊本など各地で明らかになるに及んで国交省はそれまでの方針を変え、〇六年二月一五日、限界耐力法による再計算を認める通達を出した。

限界耐力法は場合によっては鉄筋量を従来の五、六割に減らしても基準をクリアできるといわれる、コストダウンに向いた計算法だ。設計事務所の中には「安全性に問題がある」として使用を禁じているところもある。「姉歯物件もこれで計算し直せば、基準強度を超えるものがかなりあるはず」と以前から専門家の間でささやかれていた。

その限界耐力法による再計算を認めたということは、当初のハードル（保有水平耐力計算）より低いハードル（限界耐力法）を設定し直すことで、自ら煽《あお》った偽装パニックの沈静化を図ろうということだろう。これではまるでマッチポンプである。

この通達の影響は直ちに現れた。〇六年三月七日付の朝日新聞によると、姉歯の偽装で強度不足（保有水平耐力比〇・八五）とされた新宿区の投資用分譲マンションが限界耐力法で計算し直したところ、強度一以上で「安全」との結果が出た。このため建築主は予定していた補修を取りやめたという。

責任逃れ

不可解なことだらけの国交省の対応のなかでも、その極めつきは事件公表前の建築指導課の動きである。イーホームズの社長・藤田東吾はヒューザー側との一回目の会議を開いた翌日の〇五年一〇月二六日午前、国交省建築指導課の係長あてに以下のメールを送った。

「当社に申請され確認処分を下ろした物件（共同住宅）について、構造計算における認定プログラムの計算書が設計者により意図的に改竄（偽造）された事実が発覚しました。事態が重要ですので特定行政庁に通知する前にご報告に伺いたくお願いいたします」

国交省大臣認定プログラムの改竄は、誰が見ても建築行政の根幹を揺るがす行為である。にもかかわらず係長は同日深夜、藤田にこんな返事を送った。

「課内で検討いたしましたが、当方としては、本件は申請者と貴社との問題であるとの認識で一致しました。したがって、本件につきましては、当方に対して特にご報告いただく必要はございません」

建築指導課はそれから約二週間もの間、イーホームズの訴えにまともに耳を貸さなかった。その間、イーホームズが「連日日参し、今大きな地震が起きたら大変な事態になるのだと事件の重大性を説明」（同社ホームページ）し続けたにもかかわらずである。

これはもう、面倒なことに関わりたくない、放っておけばそのうちウヤムヤになるだろうという責任逃れか、もしくは意図的に事件を闇に葬ろうとしたのか、そのどちらかとしか考えようがない。

一一月一七日の事件公表以降の対応はすでに述べた通りである。国交省は必要以上に偽装物件の危険さを強調し、偽装を見逃したイーホームズやゼネコン、デベロッパーらを悪役に仕立てることで自らの責任を逃れようとしたのではないかと思わざるを得ない。

偽装事件の背景には、よく言われるようにバブル崩壊後に熾烈《しれつ》化した建築業界のコストダウン競争がある。しかし、と同時に国交省が作り上げた建築確認システムの恐るべき空洞化があることも忘れてはならないだろう。

コンピューター化と構造設計者の「奴隷」化により「平面図とか立面図とか断面図を見ながら、本当の建物はどうなっているのかなと立体的なものを思い浮かべてみるという一番大切な作業」（東京工大教授・和田章）をできる者が建物をつくる側だけでなく、審査する側にもいなくなった。だからこそ姉歯の偽装は七年間も見破られなかったのである。

空洞化は一九九八年の建築基準法改正でさらに加速した。法改正を促したのは米国の市場開放要求である。米国は自国の建築業者を参入させるため木造三階建てを認めることのほか「建築確認の効率化・スピードアップ」を求め、これに応える形で民間建築確認制度が導入された。また、日本だけの「仕様規定」から国際スタンダードの「性能規定」への転換の目玉として限界耐力計算法が採用された。

　市場原理の導入と構造計算のダブルスタンダード化で、建物の安全性を保証するとされた建築確認システムは事実上破綻《はたん》したといっていいだろう。それを白日の下にさらしたのが姉歯の偽装事件だった。

「国策捜査」

　それならなぜ、姉歯だけでなく、小嶋や木村建設の幹部たち、それにイーホームズ社長の藤田らが逮捕されなければならなかったのかと読者は思われるだろう。

　そう、彼らは事件の被害者であって、姉歯の犯行にはまったく荷担していない。あれほど大胆な耐震データ偽装が行われているとは夢にも知らなかったのである。もちろん彼らには欠陥マンション・ホテルを造ったり、販売したり、見逃したりした社会的あるいは道義的責任がある。だが、それは刑事責任とは別の位相のものだ。

　にもかかわらず彼らが警視庁に逮捕された理由は何か。これは捜査の経過を見ればすぐ分かる。事件発覚からまもない〇五年一二月はじめ、警視庁や神奈川県警などは合同捜査本部を設置し、警察官五百人を動員して大がかりな捜査体制を敷いた。この捜査を指導する立場にある東京地検も刑事部を中心に検事一〇人を集めて異例の捜査班（朝日新聞より）を設置した。

当局が当初描いた事件の構図も、マスコミ報道と同じく「悪のトライアングル」による組織的な詐欺事件だった。だが、関係者の会社や自宅などから押収した資料の分析や、関係者の事情聴取の結果、すべての証拠が「姉歯の個人犯罪」を指し示しているということが次第に分かってきた。

おそらくその時期は〇六年一月から二月ごろにかけてのことだろう。ちょうど私が取材を進めているころのことである。なぜ、そう思うかというと、ちょうどその時期に捜査の長期化を伝える新聞記事がちらほらと出だしたからだ。当初の見込みが大幅に外れ、大上段に振りかぶった太刀の降ろしどころが分からなくなった捜査員たちの困惑は察するに余りある。ある意味では彼らもマスコミ報道の被害者だったのである。

本来なら、真相に気づいた時点で捜査本部の体制を縮小し、姉歯一人の立件で捜査を終えるべきだった。だが、東京地検や警視庁はそうしなかった。その理由はおそらく二つある。一つは「悪のトライアングル」の構図を信じこむマスコミや世論がその結論を歓迎しないことが目に見えていたからだ。

もう一つは、いったん大がかりな人員を投入した以上、理由はどうあれ、何も成果が上げられなければ、彼らの官僚としての地位や評判に傷が付くと考えたからだろう。

そこで彼らは事件の登場人物たちを根こそぎ逮捕する道を探った。容疑は何でもいい、とにかく事件の登場人物たちを逮捕して、法の裁きを受けさせればいいのだ。そうすればマスコミは大騒ぎするだろうし、自分たちが世論の非難を浴びることはない。うまくすれば「よくやった」と褒めてもらえるかもしれない。

事件発覚から約半年後の〇六年四月二六日、警視庁と神奈川、千葉両県警の合同捜査本部は元一級建築士の姉歯秀次や木村建設前社長の木村盛好、前東京支店長の篠塚明、イーホームズ社長の藤田東吾ら計八人を逮捕した。

姉歯の容疑は、建築士の資格のない知人に設計を請け負わせたという「名義貸し」（建築士法違反）。木村や篠塚の容疑は、建設業の許可の更新を受ける際、赤字だった〇四年六月期決算を黒字と偽ったという「粉飾決算」（建築業法違反）だった。

イーホームズの藤田の容疑も、同社が二千七百万円の増資をしたように見せかけて資本金を五千万円超とする虚偽の登記をしたという「架空増資」（電磁的公正証書原本不実記録）で、いずれも耐震偽装事件とは関係のない容疑だった。

それに「名義貸し」も「粉飾決算」も建設業界では日常的に行われていることだ。「架空増資」も違法といわれれば違法だが、あえて経営陣の身柄を拘束して罪に問わなければならない性質の違法行為ではない。

つまり事件関係者の身柄を拘束して、見せしめにするためのあからさまな別件逮捕である。言い方を換えれば、彼らが事件に関係して世間を騒がせたこと、あるいはマスコミ世論の指弾を受けたこと自体をけしからんとする「ケシカラン罪逮捕」である。

「偽装の温床」という屁理屈

では、各紙はこの日の八人逮捕をどう報じたか。まず読売新聞四月二六日付夕刊の一面トップから見てみよう。

「耐震偽装八人逮捕／姉歯元建築士、木村元社長ら／不正の構図解明へ」

これが本記の見出しで、記事の本文は八人の容疑内容を説明したものだ。その本記の左下脇に社会部記者の署名入りで解説記事が掲載されている。

（前略）一斉逮捕で適用した容疑は、強度不足の建物を設計、施工、販売した一連の行為と直接結びつくものではない。それでも警察幹部は「決して『別件逮捕』ではない」と強調する。「低コスト」「短工期」に傾倒した木村建設の危うい経営実態。構造計算書の偽造を見逃したイーホームズの財務基盤のもろさ。報酬をもらって名義貸しをする建築士のモラルの低さ。そのいずれもが、偽装の温床となったからだ。

急成長の陰で自転車操業が常態化していた木村建設が、「経済設計」の姉歯容疑者を起用した結果、偽装マンション、偽装ホテルを生んだのではないか。架空増資で経営規模を大きく見せ掛けたイーホームズは、能力以上の検査業務を請け負ったため、検査が形骸化していたのではないか。

責任ある立場の関係者たちが「自分は被害者」と強調する中、こうした一つ一つの疑惑を追及することが、真相解明につながると捜査本部はみている。（後略）

お読みになればお分かりと思うが、記事の狙いは別件逮捕（あるいはケシカラン罪逮捕）を徹頭徹尾正当化することだ。社会面のいわゆる雑観・サイド記事も、

「偽装の責任『厳罰を』／住民、今も不安な生活」

という見出しで、被害住民たちの声を紹介することで一面の論調を補完している。

他紙の紙面構成も読売とほとんど変わらない。要するに、捜査は「偽装の温床」にメスを入れることで事件の核心に迫るもので「別件逮捕」ではないという論調だ。同じ四月二六日の東京新聞夕刊一面に載った『背信　八人逮捕▼耐震偽装』という連載企画一回目の記事の一節を紹介しよう。

「（前略）捜査の行方に一筋の光が見えたのは二月。経理班の捜査員が大量の帳簿類を突き合わせ、ある数字の食い違いを見つけ出した。木村建設が一九九八年から赤字を隠蔽するために決算を粉飾、国土交通省に虚偽の報告をしていた疑いが発覚したのだ。同社が姉歯容疑者に多くの構造設計を依頼し始めたころだった。

姉歯容疑者の偽装とは直接結びつかない違法行為。「立件には議論もあった」と警視庁の幹部は打ち明ける。

だが、警視庁と協議を重ね、さまざまな法令の適用を検討してきた東京地検は「粉飾決算を繰り返す過程で木村建設は、工事を安く仕上げるために鉄筋を抜くという方法をエスカレートさせた。安全を置き去りにしてコスト削減に走ったことが耐震偽装事件の本質だ」と立件を決断する。

あらゆる法令を駆使しながら、事件の核心に迫ろうという警察、検察の協議が一致し、着手へのゴーサインが出たのは三月末だった。（後略）」

正直言って、よくもこれだけ空々しいことを書けたものだなと呆《あき》れるしかない。どんな企業にとってもコスト削減は至上命題だ。それが耐震偽装事件を引き起こすのなら、日本中のマンションやホテルが強度不足になっているはずだ。しかも「過度のコスト削減」と木村建設の「粉飾決算」やイーホームズの「架空増資」は直接の関係はない。八人の「見せしめ逮捕」を合理化するための屁理屈にすぎない。

裁判所も逮捕容疑と耐震偽装が何の関係もなかったことを認めている。〇六年一一月、東京地裁は木村建設の元東京支店長・篠塚明に懲役一年、執行猶予三年（求刑懲役一年六ヵ月）の判決を言い渡したが、その中で「劣悪な財務状態が過度なコストダウンに走らせ、耐震強度偽装事件を誘発した側面がある」という検察側の指摘については「因果関係を認める証拠はない」と指摘した。

イーホームズの見せ金増資事件でも、検察側はイーホームズが構造計算書の偽造を見逃していた背景に同社の不十分な検査体制や利益を優先する被告の経営姿勢があったとの構図を描き、見せ金増資事件を耐震偽装見逃しの「主要な原因」と位置づけていた。

だが、東京地裁は社長の藤田東吾に懲役一年六カ月執行猶予三年（求刑懲役二年）の判決を言い渡した際、「検査機関の指定を受けるため資本を偽った犯行と、構造計算書の偽造を見逃した問題との間には、業務拡大に伴う組織や人の拡充程度、国交省認定の構造計算プログラムの変更など、様々な要素が介在」しており、耐震偽装と見せ金増資の因果関係は「証拠上明らかでない」と否定的な認識を示した。

不作為の詐欺

事件の主役ともいうべきヒューザー前社長の小嶋進が逮捕されたのは連休明けの〇六年五月一七日だった。同時に木村建設の元社長・木村盛好ら二人も再逮捕された。

小嶋の容疑は、イーホームズとの会合（〇五年一〇月二七日）で耐震偽装が判明した直後の一〇月二八日、グランドステージ藤沢の入居者に偽装の事実を伝えず販売代金五千二百万円を振り込ませたという不作為の詐欺だった。

木村らの容疑も基本的に同じ。〇五年の一一月七日、強度が偽装されていることを知りながら「サンホテル奈良」のオーナーにそれを伝えず、ホテルの工事代金の約三割にあたる約二億二千五百万円を受け取ったという不作為の詐欺である。

不作為の詐欺とは、言葉巧みにひとを騙《だま》して金を巻き上げるのではなく、言うべきこと（あるいはするべきこと）を怠って金をとる行為を指している。

たとえばあなたが九百円の品物を買う際に千円を出したのに、店員がそれを一万円と勘違いして九千百円のお釣りをくれたとしよう。あなたが店員の勘違いに気づきながら、そのまま九千百円を受け取って帰ったとしたら、それは不作為の詐欺にあたる。

小嶋のケースで言えば、重大な欠陥があると知りながら、それを伝えずにマンションを引き渡していれば不作為の詐欺に該当するのだが、果たして〇五年一〇月二八日の時点でグランドステージ藤沢が偽装されていると小嶋が知っていたかどうか疑問がある。

一〇月二七日の会合でイーホームズの藤田は「偽装物件としてGS藤沢の名前をあげていない」と裁判で証言しているし、仮にGS藤沢の名前が挙がっていたとしても、それがどの程度の欠陥（強度不足）なのか分かっていなかったはずだ。

いずれにしろ小嶋や木村が問われているのは、姉歯とぐるになって顧客を騙したという組織的な詐欺ではない。顧客に被害を及ぼしかねない不測の事態が発生したとき、企業経営者はどう対応すべきなのか、その判断の是非を問われているにすぎないのである。

では、このとき各紙はどう報じたか。五月一八日の産経新聞朝刊の視点（解説記事）を見てみよう。


「（前略）「マンション購入者やホテルオーナーの被害意識に報いる」（警察幹部）ことを主眼としてきた合同捜査本部の捜査は、刑罰が「一〇年以下の懲役」と重い詐欺容疑の立件で結実した。

合同捜査本部は各種法令を駆使し、木村建設の社長らについては、決算を粉飾した建設業法違反で逮捕。赤字体質の延長線上に偽装を認識しながら工事代金を詐取した、との構図を浮かび上がらせた。捜査幹部は「詐欺はあくまで結果。因果の『因』が建設業法違反で『果』は詐欺。建設業法違反は別件ではない」と説明する。

警察庁の漆間《うるま》巌《いわお》長官が「国民が安心して住めるための捜査」と語っていたように、詐欺罪は「社会の一般的感覚」に近い形での立件ともいえる。（後略）」

要するに当局の捜査方針はあくまで正しかったと言いたいのだろうが、この記事の根底にあるのは木村建設を「悪徳業者」だとする先入観だ。建設業法違反（粉飾決算）をするような滅茶苦茶《めちゃくちゃ》な業者だから欠陥マンションやホテルをつくったのだ、だから社長らが刑事罰を受けて当然なのだという論理である。

しかし、これまで見てきたように、木村建設には姉歯の偽装に気づかなかったという過失責任はあるにせよ、マンション住人やホテルオーナーらと同じ被害者なのである。それが、発覚当初の誤った報道や姉歯のウソによって「加害者」のぬれぎぬを着せられたにすぎない。少なくとも木村社長らが再逮捕された時点ではすでに「被害者」であることがほとんど明らかになっているにもかかわらず、各紙の報道は「加害者」「悪徳建設業者」という前提で行われている。

報道が悪のイメージを作り出し、そのイメージに乗っかって当局が罪人を作り出す。その結果、人々の目は最も肝心なところからそらされていく。

誰がトクをしたのか

姉歯の一審判決が指摘したように事件の最大の責任は姉歯にある。しかし、もし建築確認システムが正常に機能していれば、姉歯の犯行が一〇年間も見破れないというような事態にはならなかったはずだ。

事件があらわにしたのは、建物の安全を支えるはずの建築確認システムが完全に形骸化し、機能しなくなっていたということだった。国交省の官僚たちはおそらくそのことに薄々気づきながら、何の手も打たずに放置してきたのだろう。

いや、それどころではない。彼らは一九九八年の建築基準法改正に際して検査業務の民間委託と限界耐力法の導入によって建築確認システムを破綻させたのだった。

この事件で問われるべきは国交省の官僚たちの責任だった。だが、それを問う声はあまりにか細く、官僚たちはほとんど無傷のまま生き残った。その代わりに生贄《いけにえ》として差し出されたのが小嶋であり、木村、篠塚であり、藤田たちだったというわけだ。

では国交省の官僚たちはどうやって自らの責任回避に成功したのか。もう言うまでもないだろう。情報操作である。事件発覚から強制捜査着手までの約五ヵ月間、メディアを通じて流された情報の大半は国交省を発信源としている。国交省の担当記者たちはそれと気づかぬまま、（たぶんいまだにそうだろう）官僚たちの生き残り戦略に荷担させられたのである。

第五章　情報幕僚

前章では耐震データ偽装事件をめぐる日本のメディアと官僚組織（国交省や警視庁・検察庁）のただならぬ関係を見てきた。しかし、それはたまたま耐震偽装事件にだけ見られた現象ではないのか。そう思われる読者も多いだろうから、もう一つ事例を挙げよう。一九九五年三月三〇日、國松孝次《くにまつたかじ》警察庁長官（当時）が東京・南千住の自宅マンション前で銃撃され重傷を負った事件の報道である。

ご記憶と思うが、二〇〇四年七月七日、警視庁はオウム真理教元幹部ら四人が犯行に関与した疑いが強いとして逮捕に踏み切った。このときどんな記事が各紙の紙面に氾濫《はんらん》したかを見てみよう。まず七月七日付朝刊の一面トップで「オウム元幹部　強制捜査　きょうにも三人」と特ダネを放ったのは産経新聞だった。

「平成七年三月、国松孝次警察庁長官（当時）が東京都荒川区の自宅マンション前で銃撃された事件で、オウム真理教の元幹部らが関与していた疑いが強まり、警視庁南千住署捜査本部は七日にも、殺人未遂容疑で元幹部信者ら三人に対する強制捜査に乗り出す方針を固めた。別の三十歳代の教団元幹部からも長官事件について事情を聴く。日本の治安機関トップを狙った前代未聞のテロ事件の捜査は、発生から九年以上を経て極めて重大な局面を迎えた」

産経は社会面のサイド記事で警視庁公安部の執念の捜査が見事に実ったことを事細かに報じた。他紙も一斉に夕刊で産経を追いかけた。翌八日朝刊以降の各紙は警視庁の捜査で出てきた「新証拠」の内容を争って報じた。

【読売新聞】

一面「現場に端本《はしもと》被告に似た男　元巡査長供述『コート貸した』」

逮捕された警視庁元巡査長の小杉敏行《としゆき》容疑者が、「事件の日、端本悟《さとる》被告に似た男に自分のコートを貸した」「コートは（殺人などを意味する）『救済』に使ったと聞いた」と供述していることがわかった。警視庁は目撃証言と合致する端本被告が狙撃《そげき》の実行役だったと見て、役割分担の解明を進めている。

社会面「狙撃の詳細　ノートに　国松長官事件　石川容疑者　銃弾の特徴や距離」

逮捕された石川容疑者が事件当時に所有していたノートに、狙撃に使われた銃弾の特徴や射撃距離などの詳細を書き込んでいたことが警視庁の調べで分かった。特捜本部は、狙撃の計画を事前に知らないと、こうした書き込みができないとみて、狙撃事件についても同容疑者を追及している。

【東京新聞】

社会面「警護役から武装化先兵に　長官銃撃実行犯に浮上の端本被告」

狙撃の実行役として捜査線上に浮上した端本被告は、空手の腕前を買われ、麻原《あさはら》被告の警護役に抜擢《ばってき》された。坂本弁護士一家殺害事件では、坂本さんらに容赦ない暴行を加え、松本サリン事件ではサリン噴霧車の運転手役を果たした端本被告。麻原被告を頂点とする「闇の構図」に警視庁の捜査が再び対峙《たいじ》する。

【毎日新聞】

一面「松本被告中心に謀議か　端本被告ら　直前、海外から呼び」

逮捕された植村容疑者や端本被告が九五年三月の事件直前、元教団代表の松本（麻原）被告が潜んでいた山梨県上九一色《かみくいしき》村の教団施設・第六サティアンに集結していたことが、捜査本部の調べで分かった。端本被告らは、海外から急遽呼び寄せられていた。

社会面「解けた教祖の呪縛　『実行役』否定に転じ　小杉容疑者　捜査進展のカギに」

捜査を大きく進展させたのは、信者だった元警視庁巡査長、小杉容疑者の供述の変化だった。「私が撃った」と主張し続けた小杉容疑者は、徐々に教団のマインドコントロールの呪縛から解かれ、その供述が捜査を一〇年目の転機に導いた。

もうこれ以上記事を並べる必要はないだろう。各紙は警視庁公安部の捜査によっていかに事件の真相が判明したかを争って報じている。ところが、四人の逮捕から三週間後の同月二八日、東京地検は四人全員を処分保留で釈放した。「実行役を特定できず、裏付ける証拠も乏しいため『教団の組織的犯行の可能性はあるが、捜査を継続しないと最終処分は決められない』と判断」（毎日新聞）したためだという。傍線部分は明白なウソだと私は思う。この時点で警視庁公安部も東京地検も不起訴にすることを決めているはずだ。

つまりこの事件の捜査は惨憺《さんたん》たる失敗に終わったのである。驚かされたのは、容疑者四人が処分保留のまま釈放されたときの佐藤警察庁長官の談話だった。

「警視庁は証拠の乏しい状況下で粘り強く緻密《ちみつ》に捜査し、事件関与の疑いを相当程度に明らかにした」「これまでの労苦を多とし、関係者の協力に対し、深甚なる謝意を表する」

反省の弁はひと言もなし。過去にこれほど惨めな「敗北」を「勝利」と言いくるめることができたのは戦時中の軍部だけだろう。もっとひどかったのは東京地検次席検事の、「起訴には至らなかったが、逮捕してそれなりの成果はあった」というコメントである。ここには被疑者の人権を尊重しなければならないという意識のかけらもない。オウム信者は人間じゃないんだから煮て食おうが焼いて食おうが当局の勝手なんだといわんばかりである。

警察や検察にもまして惨めだったのは、公安当局のリークに踊らされた新聞・テレビだった。素人でもデタラメだと分かる「端本実行犯・早川指揮官」説をさも真実であるかのように実名入りで報じてしまったのだから。

ダボハゼ

なんでこんなにお粗末な報道がまかり通ってしまったのか？　ジャーナリストの大谷昭宏《あきひろ》は週刊現代の『メディア通信簿』にこう書いた。

「そもそもこの捜査、おかしなことばかりではないか。殺人未遂容疑で逮捕された三人はいずれも共犯者。実行犯は未だに被疑者不詳だ。誰がやったか知らないけど、手伝ったのはこいつらだ、なんて珍妙な捜査があるか」

さすが元読売大阪社会部の辣腕事件記者である。捜査の根本的欠陥をずばりと突いている。大谷は新聞やテレビが当局のリークに操られる仕組みも分かりやすく解説した。

それによると、今回の逮捕劇は七月七日の産経新聞朝刊の大スクープで始まり、他紙が追い掛ける展開になったが、これは「公安当局にとっては願ったりかなったりのシチュエーション」だった。

なぜなら、抜いた産経は捜査が順調に進んで事件の全容解明、起訴、公判と進んでほしいと願う。そうなれば新聞協会賞受賞も夢でなくなるからだ。

一方、抜かれた他紙は事件の続報でちょっとしたネタでも抜き返して産経に一矢報いなければ記者の面子《メンツ》が立たない。だから「抜いた方は捜査の後押しをしてくれるし、抜かれた方は、撒《ま》いたネタにはどんなものでも食いついてくれるダボハゼ状態なのだ」という。

　まさに大谷の言うとおりである。私もそうだったが、他社に抜かれてデスクに怒鳴られると、たいがいの記者は青ざめて精神的に追い詰められる。そこに当局からネタを目の前にぶら下げられたりすると理性なんか吹っ飛んでしまう。

　もっとはっきり言えば、そもそも事件記者は当局の情報を垂れ流すよう宿命づけられている存在だ。彼らに捜査のあり方を批判する記事を求めることのほうが無理なのだ。

　それは彼らが書く記事の文体を見れば分かる。記事の文体は基本的に二つしかない。

　一つは逮捕時に書く「警視庁は○日、○○を○○の容疑で逮捕した」というスタイルである。もう一つは、捜査の中身をさらに詳しく伝える「○○事件で逮捕された○○が○○していたことが警視庁の調べで分かった」という続報スタイルである。

　事件の中身や展開の仕方によってさまざまなバリエーションはあるにしても、基本的にはこれ以外の記事のスタイルはあり得ない。仮に記者が捜査に疑問をもっても、その疑問を表明するのは文体上、極めて困難な仕組みになっているのである。

　ただし捜査を批判する記事の書き方がまったくないわけではない。一つは記者の主観を出すことが許される解説もしくは署名記事で持論を展開することだが、これは当局以上に真相をつかんでいるという自信がないかぎりなかなか難しい。

もう一つの方法は識者もしくは関係者のコメントという形で間接的に捜査を批判することである。國松長官銃撃事件では東京新聞の社会部がその手法を使った。

「『小杉供述』なぜ今さら信用」という見出しを掲げ、捜査を疑問視するジャーナリストの江川紹子《しょうこ》さんやオウム被害者の会代表のコメントを六段抜きで載せた。

聞くところによれば、オウム事件に詳しい社会部の遊軍記者たちが部内で「この捜査は絶対におかしい」と強く主張した結果、そうなったらしい。しかし、これは事件報道では滅多《めった》にないことだ。東京新聞が容疑者逮捕直後に異例の捜査批判をしたのはそれだけ警視庁公安部の捜査が杜撰《ずさん》だったということの証でもあった。

客観報道主義

事件記者たちが当局の捜査を批判する記事のスタイルを持っていないのは、日本のメディアの報道が「客観報道主義」に基づいているからだ。記事のスタイルはこの客観報道主義に基づいて交通事故や窃盗事件から誘拐殺人のような大事件にいたるまでそれぞれに応じて決められており、新人記者はそれを覚え込まされる。

私が共同通信に入社してすぐの記者研修で講師になった幹部クラスの先輩記者はこう言って記事の書き方を教えてくれた。

「いいか、新聞原稿には原稿のスタイルというものがある。それは、君らがこれまで書いてきた文章のスタイルとはまったく違うものだ。事件事故の原稿で言えば、火事には火事のスタイルがあり、殺しには殺しのスタイルがある。そのスタイルにあてはめて原稿を書くのだから、それらのスタイルを早く覚えろ。だいたい五年も記者をやれば、すべて頭にはいるはずだが、それができないようなやつは早いところ記者をやめたほうがいい」

記事のスタイルの実例を挙げよう。新人記者が初めて書く原稿はたいていごくありふれた交通事故の原稿である。

「○日午後○時○分ごろ、○市○の県道で○さん運転乗用車と×さん運転のトラックが正面衝突、乗用車は大破し、○さんが全身を強く打って即死した。×さんも頭などに○カ月の重傷を負った。○署の調べによると、○さん運転の乗用亘が……。○署は○さんの居眠り運転が原因とみて調べている」

窃盗犯の逮捕だとこうなる（容疑者呼称が一般的になる前のスタイル）。

「○署は○日、○を窃盗容疑で逮捕した。調べによると、○は○日夜、○市○の○○さん方に侵入し、現金○円を盗んだ疑い。○署はこのほかにも○件の余罪があるとみて調べている」

こういうスタイルが事件事故の種類別に決まっているのだが、すべてのスタイルに共通する点が一つだけある。それは徹底して記者の主観を排除し、事件事故を主管する官庁（それは警察署だったり検察庁だったり消防署だったりする）が集めたデータや、その官庁の見方に依拠するという姿勢である。

だから、記者たちに求められるのは自分がどう考えるかという主観的な視点ではない。当局がどう見ているか、どんなデータを持っているかという当局の視点なのである。國松長官銃撃事件について言えば、いくら担当記者が「この捜査はおかしい」と思っても、捜査本記にそれを書くすべはない。記者個人の捜査に対する批判的視点は切り捨てざるをえないのである。

一方で当局発の情報に依拠する限り、誤報はあり得ない。間違えたのは記者や新聞社ではなく、当局なのだから、たとえば國松長官事件で誤認逮捕された四人の元信者に対する責任も当局が負うべきだということになる。当局は当局で疑うに足る証拠があり、それに基づいて捜査したのだから四人に対して責任を負う必要はないという理屈になる。

つまり客観報道主義は無責任主義の別名なのである。かくて同じ過ちは永遠に繰り返されることになる。松本サリン事件の犯人に仕立て上げられかけた河野義行さんのケースについてはいかにももっともらしい〝反省文〟を書いたが、私に言わせれば表面を取りつくろったいい加減なものにすぎない。

客観報道主義のほかに記者たちの行動を大きく制約するものがもう一つある。それはマスコミ業界にだけ流通するニュースバリューと言われる価値基準である。ある出来事がベタ記事に相当するものか、社会面の四、五段を占めるものなのか、それとも一面トップで扱われるべきニュースなのか。あるいは一見ありふれた出来事にどんな要素が加われば記事としての商品価値が上がるのか——。

その種の価値判断力と商品（記事）加工術を記者は経験を積み重ねながら習得していくのだが、それは記者たちが持っているはずの多様な価値観や感性を退けて、業界共通の画一的な価値観にどっぷり浸《つ》かってしまいかねないことを意味している。

記者になって五年も経てば、誰でも事件・事故の概略を聞いただけで翌朝の紙面展開が頭に浮かぶようになる。本記が一面のトップにきて、こんなトーンの現場雑感が社会面に何段ぐらい、その横に識者談話や解説記事といった具合である。

これは朝日でも読売でもほとんど変わらない。記者たちはデスクの指示のもと、予測される紙面展開から逆算して自らに割り振られた取材を進めていく。

だから誰もが同じ取材対象に同じことを聞くために同じ行動をとるようになる。地下鉄サリン事件や和歌山毒カレー事件など重大事件が起きるたびにメディア・スクラム（集団過熱取材）が繰り返されるのはそのためだ。そこには記者独自の思考や想像力が入り込む余地はほとんどない。

さらにもう一つ、日本のメディアの特質を作り上げているのが記者クラブ制度である。新聞やテレビが流す情報の七、八割（私の実感に基づく推測値）は各種の官庁から供給されている。記者たちの多くが官庁のなかに設けられた、閉鎖的な記者クラブに所属し、そこで役人のレクを受けたり、役人宅に夜討ち朝駆けをかけたりして情報をとる。記者たちに要求されるのは官庁情報をいち早く簡潔に、しかも正確に記事化することだ。それができる記者は優秀とされ、そうでない者には「ダメ記者」の烙印《らくいん》が押される。

そんな作業を長年続けていると、知らず知らずの間に官庁となれ合い、官僚と同じ目線で社会を見下ろすようになる。私自身がそうだったから言うのだが、記者たちはいつのまにか権力との距離感を見失い、最も大事な批判精神をなくしてしまう。

キャッチボール

ここで私自身の体験を語りたい。私は共同通信に入社して間もなく、東京の立川支局に配属され、先輩記者三人とともに都内の三多摩地区で起きた事件・事故や行政ネタをカバーすることになった。取材で見るもの、聞くものがすべて目新しく、興味深かった。学生時代の退屈な生活から逃れられて、しかも一人暮らしには十分すぎるほどの給料がもらえるなんて、夢のようだなと思ったことを今でも覚えている。

そうやって半年ほどすぎたころ、仲の良かった読売新聞の新人記者Mが東京地検八王子《はちおうじ》支部に行かないかと声をかけてくれた。町田市で起きた誘拐事件（といっても、後に知的障害のある青年が親に無断で幼児を連れ回しただけだと判明したのだが）の容疑者の処分が近々決まりそうなので、その見通しを聞きに行こうというのである。

Mに連れられて東京地検八王子支部の副部長室（副部長の検事が二人と、お付きの事務官が一人いた）に初めて入った。Kという副部長が豪放磊落《らいらく》なタイプの中年検事で、若い記者二人の来訪を歓迎してくれた。町田の誘拐事件について聞くと、

「ああ、あれね。不起訴にするよ。事件性がないから」

と、あっさり教えてくれた。この事件は発生当初、かなり大きな騒ぎになったから、その容疑者が不起訴になるのはかなりのニュースだった。早速、私とMは「容疑者、不起訴に」の記事を書いた。読売と共同通信二社の「特ダネ」である。

それ以来、私は一日か二日おきに八王子支部の副部長室を訪ね、K副部長と雑談するようになった。彼はどういうわけか私を気に入ってくれて、雑談の合間に東京地検八王子支部の管轄する多摩地区一六警察署の情報をいろいろ教えてくれた。

「そういえば○○署が帝国ホテルを根城にして覚醒《かくせい》剤の密売をやっていた男を捕まえたとか

言ってたな」

「××署の刑事課長がこの間やってきて、○○市の汚職をやりたいと言っていた」

等々。普通なら各署のデカさんに夜討ち朝駆けをしてようやく引き出せる（かどうかも分からない）ような情報ばかりである。おかげで私は多摩一六署の動向が手に取るように分かるようになり、事件モノの特ダネを連発するようになった。

やがて副部長付きの検察事務官とも親しくなり、K副部長が話してくれない地検の機密情報まで入手できるようになった。事務官から仕入れた情報をさりげなくK副部長にあてる。するとK副部長は「こいつは若いのにいろんな情報を持っている」と評価してくれて、もっと踏み込んだ情報をくれる。それをまた事務官にあてれば、さらに詳しい情報になる。いわば情報のキャッチボールを繰り返すことで、事件の全容が分かってくるという寸法である。

この方式はその後の私の基本的な取材パターンになった。いくら情報源と親密になっても、情報源は自分が持っている情報のせいぜい二、三割しか漏らさない。しかし、複数の情報源の間でキャッチボールを繰り返すと、最小限の労力で最大限の特ダネをとることができる。（もちろん情報の出所が分からないように細心の注意を払わなければならないが）。そうやって特ダネを取りさえすれば、ふだん遊んでいても上司は文句を言わない。組織の中でもデカい面《ツラ》ができる。私は仕事をサボるために特ダネを追った。

立川支局で一年半、岡山支局で三年、大阪社会部で六年間を過ごした。その間に私が身につけたのは、捜査当局から情報を取って、それを記事に仕立てる技術だけだったと言ってもいいだろう。

社会部記者というと、市井のニュースを掘り起こすためにいろんな種類の人々と接触する職業と思われるかもしれないが、実際には違う。取材先のほとんどは官庁である。警視庁や警察庁、検察庁、厚生労働省、都庁といった各種の官庁に記者クラブがあり、そこに所属して官庁発のニュースをフォローするのが仕事だと言ったほうがいい。

検察回り

私は八五年に東京社会部に戻り、二年ほどサツ回りをした後、検察担当になった。検察回りは事件記者にとっての檜舞台《ひのき》だ。ここで特ダネを連発すれば花形記者になることができ、特オチを連発すればダメ記者の烙印を押される。事件記者にとっての正念場である。

しかし、検察の情報管理は徹底していた。ヒラの検事や事務官に直接取材したことがバレれば、庁舎への出入り禁止を言い渡される。かといって幹部たちだけを対象に通り一遍の取材をしていても特捜部の動きはさっぱりつかめない。どうやったら、この鉄壁の城に情報ルートの穴をうがつことができるのか。

私はまず守衛たちにアプローチして、彼らが記帳していた来訪者名簿をほんのちょっとしたスキに盗み見た。それを見れば、特捜部が事情聴取のために呼び出している人間の氏名が分かった。それさえ分かれば、特捜部の内偵事件の全容がつかめたも同然だった。

特捜部の捜査対象の多くは大企業の役員や政官界関係者だ。来訪者の名前を財界や政官界の紳士録など各種の名簿と突き合わせていけば、どの辺の関係者を事情聴取しているかが分かる。そうすれば彼らをつなぐ糸が見えてくる。それに周辺取材を少し付け加えれば捜査がどの程度進んでいるかも分かってくる。

そうやって内偵事件の中身を調べながら、私はヒラの検事たちに接触した。彼らが上司に通報すれば一巻の終わりだが、大半の人たちが黙っていてくれた。やがて特捜部内に二人の有力な情報源ができた。二人とも極めて優秀な捜査官だった。その二人と秘密裏に接触し、情報のキャッチボールを繰り返すうちに特捜部の動きをほぼリアルタイムでつかめるようになった。

ちょうどそのころ起きたのがリクルート事件だった。リクルートの関連会社リクルートコスモスの未公開株が政官財界にばらまかれていたことが明らかになり、その譲渡を受けていた要人たちが次々と辞職に追い込まれた。特捜部も捜査に乗り出し、リクルートグループの総帥・江副浩正《えぞえひろまさ》とNTT会長の真藤恒《しんとうひさし》や元労働次官、元文部次官らが逮捕されたほか元官房長官の藤波孝生《ふじなみたかお》ら政治家二人が受託収賄罪で起訴された。ロッキード事件以来の大疑獄だった。

私は複数の情報源との対話をもとに特捜部の捜査の方向性をいち早く知り、いくつかの大きな特ダネも取った。たぶん当時の私は検察庁を所管する法務大臣よりもビビッドで豊富な情報をもっていただろう。

私は複数の情報源と暗い路上や電車の中、あるいは安い小料理屋（支払いは交互に私がしたり、相手がしたりしていたからいわゆるワリカンで、酒食の接待ではなかった）などで話すうち、いつのまにか彼らのインナーグループの一員になっていた。身分は記者だが、気持ちの上では情報源たちの仲間だった。彼らに情報を提供し、彼らの捜査に協力しながら、自分の仕事に必要な情報をもらっていた。

私と複数の情報源たちの間にあったのは、政治の腐敗をただすという共通の目的に向かう、ほぼ完璧な一体感であり、信頼感だった。私は彼らにとって都合のいいように記事をねじ曲げたつもりはない。しかし、結果として私が書いた記事が彼らの捜査の追い風になったことは間違いない。そして私が特捜部を批判する記事を一本も書かなかったことも事実である。

情報幕僚

私がまだ共同通信の記者をやめる直前の『沈黙のファイル』の取材で、同僚と一緒に太平洋戦争開戦前夜の参謀本部作戦課の内情を調べたことがある。作戦課は陸軍大学校出身の超エリート参謀二十数人からなる陸軍の中枢機関で、国防方針に基づいて作戦計画を立案し、約四百万人の軍隊を意のままに動かした。

その作戦課の元参謀たちに「勝ち目がないと分かっていながら、なぜ対米戦争を始めたのか」と聞いて回ったら、ある元参謀がこう答えた。

「あなた方は我々の戦争責任を言うけれど、新聞の責任はどうなんだ。あのとき新聞の論調は我々が弱腰になることを許さなかった。我々だって新聞にたたかれたくないから強気に出る。すると新聞はさらに強気になって戦争を煽る。その繰り返しで戦争に突き進んだんだ」

この言葉は私にとってかなり衝撃的だった。というのも、私はそれまで新聞は軍部の圧力に屈して戦争に協力させられたのだと思いこんでいたからだ。それが事実でなかったとしたら、私たちが教えられた日本のジャーナリズム史は虚構だったということになる。

では、戦前・戦中の記者たちの実態はどうだったのか。聖心女子大教授の佐々木隆《たかし》の労作『メディアと権力』（中央公論新社刊）を読むと、その辺の事情がよく分かる。まず『メディアと権力』に引用されている『鈴木貞一氏談話速記録』の一節を読んでほしい。鈴木は戦前の陸軍省新聞班の班長だった人物である。

「いまでは新聞は軍の悪口を書きますけれども、その当時は陸軍のために非常に陸軍をおだてるような記事が非常に多いのですよ。そうして陸軍でこういうことをやる、ああいうことをやるといって、リットンが来るとか、いや満州がどうしたとかいうことは陸軍に来ていれば一番早くわかるのですからね。それで、新聞記者というものは、陸軍省の一室を占拠して、そこでたむろしている、とこういうようなふうで、それは非常に大事にこれを啓蒙の手段に使ったです」

佐々木によれば、新聞の親軍的記事はすべてが強制ないし暗黙の強制によるものではなかった。誘導の効果はいくらかあったかもしれないが、もともと親軍的な記者、軍にシンパシーを抱く記者、誘導を受け容《い》れる素地のある記者はいくらもいた。それは軍に批判的な記者や記事が存在したことと同様にまぎれもない事実だった。

彼ら新聞記者たちは政官界の随所に濃密な人間関係を設けて食い込み、情報を物々交換することで、あるいは情報を通貨のように利用することで密着度を高めながら、実態としては情報提供者・情報幕僚として振る舞い、時としては政治ブローカーのごとき役割をも果たしていたという。

まったくその通りだったろうと私はかなりの確信を持って言うことができる。なぜかというと、戦後の記者である私自身が検察庁に「濃密な人間関係を設けて食い込み、情報を物々交換することで、あるいは情報を通貨のように利用することで密着度を高めながら、実態としては情報提供者・情報幕僚として振る舞」っていたからだ。

たしかに政官財界の腐敗を摘発する検察と、日本を破局に陥れた旧陸軍とは違う。しかし、それは戦後の我々が陸軍を罪悪視しているだけであって、戦前・戦中の「親軍的な記者」たちにとって陸軍は今の地検特捜部のような「正義の味方」だったのだろう。

情報には魔力がある。それがディープなものであればあるほど情報の出し手と受け手との一体感が強まり、それに伴って受け手の出し手に対する批判的な目は失われていく。もっと有り体に言えば、記者は無意識のうちに自らの情報源に跪《ひざまず》いてしまう。マスコミが客観報道主義を標榜《ひょうぼう》する限り、それを防ぐ手だてはほとんどない。

なぜなら客観報道主義とは、前に触れたように当局の発信する情報に全面的に依拠することだからだ。そしてこうした記者と官僚の一体感、メディアと官僚機構の共犯関係は旧陸軍や検察庁だけでなく、霞が関を中心とする全国津々浦々の役所で形成されている。それがいったいどういう事態をもたらすか。次の章では検察庁を例に取りながらもう少し説明したい。

第六章　検察の暴走

特捜検察はいまブレーキの壊れた車のように暴走し始めている。誇張でも冗談でもない。ライブドア・村上ファンド事件の推移を見て、私は本気でそう思うようになった。

一見華やかでも、捜査の中身は疑問だらけだ。これほど無理筋の経済事件は戦後検察史にもほとんど例がない。新聞やテレビではあまり報じられないが、「強制捜査に値する犯罪が本当にあったのか。特捜の権力濫用ではないか」と言う法曹界や経済界の関係者は多い。今や、検察の公正さに対する信頼は音を立てて崩れつつあると言ってもいい。

まずは村上世彰《よしあき》のインサイダー取引事件から見てみよう。インサイダー取引とは、ある会社の株について「投資者の投資判断に著しい影響を及ぼす重要事実」を知った者が公表前にその株を売買することだ。

たとえば、A社がB社に対してTOB(株式公開買い付け)を実施するというインサイダー情報をA社の顧問弁護士が入手した。公表されればB社の株価が急騰するのは確実だ。そこで彼はB社株を買い集め、TOB発表後に売って多額の利益を得た——。

こんな取引が許されると一般投資家との不公平が生じ、証券市場の公正さが損なわれるため、証券取引法はTOBやそれに準じる行為(発行株式の五%以上の取得)が決定された事実を知った者が、その公表前に株を買うことを禁じている。

ただし、この場合の「決定」は取締役会決議などの機関決定に限定されている。そうした裏付けのない未確定情報（たとえば代表権のない役員の発言）はインサイダー情報とはみなされない。何でもかんでもインサイダー情報ということになれば、自由な株取引ができなくなるおそれがあるからだ。

村上氏のケースについての検察側主張はこうだ。

村上は二〇〇四年一一月八日、ライブドアの堀江《ほりえ》貴文《たかふみ》社長（当時）らとの会談でライブドアがニッポン放送株の五％以上を買い集めることを決定したことを知らされた。証取法は公表前の売買を禁じているのに、村上は翌九日から〇五年一月二六日までの間に同株百九十三万株（約百億円）を買った——。

一見単純明快だが、この検察側主張には大きな問題がある。ライブドアのニッポン放送株取得作戦が具体化したのは、翌年一月一七日にフジテレビが同放送へのTOBを決めてからのことだ。リーマン・ブラザーズを引受先とする八百億円の資金調達の目処《めど》が立ったのも一月二六日ごろで、取締役会で同放送株の大量取得を決議したのは二月八日のことだ。

〇四年一一月八日の会談時点ですでにライブドアが「機関決定」していたとするにはあまりに疑問点が多すぎるのである。中央大学法科大学院の野村修也《しゅうや》教授（金融庁顧問、同庁コンプライアンス対応室長）も言う。

「専門家の多くは一一月の会談は、まだはっきり意思決定していない段階での話ではないかと見ています。やはりフジがＴＯＢを発表した一月一七日以降にライブドアが意思決定していったと見るのが筋じゃないでしょうか。八百億の資金調達スキームが固まらないことには実現できなかったわけですからね。検察は、ライブドアが二月に大量取得に成功したという結果から遡《さかのぼ》り、その三カ月前には意思決定されていたという組み立てをしたが、それは後講釈のようなもの。いろんな未確定要因があって先々どうなるかわからない段階の情報までインサイダーとなると、証券界は摘発の恐怖で萎縮《いしゅく》してしまいます」

野村教授によると、証券取引の現場では取引成約までにさまざまな非公式折衝や営業活動が積み重ねられている。たとえば証券会社は顧客から株の大量売買についてしばしば相談を受ける。もし、これがインサイダー情報の伝達にあたるとされるなら、相談を受けた瞬間から証券会社はその株の自己売買ができなくなる。つまり事前の折衝や営業活動が事実上不可能になるということだ。

「それだけではありません。今回の事件を逆手に取った敵対的企業買収の防衛策が跋扈《ばっこ》するかもしれない。たとえば敵対的な企業買収を警戒するＡ社が、買収を仕掛けようとするＢファンドに勝手に手紙を送りつけて、『Ｃ社が当社（Ａ社）の五％以上の株を買い付ける準備をしています』と伝えると、Bファンドは A 社の株を買えなくなってしまう。そんなバカなことがおきてしまいますよ」

村上はライブドアをけしかけ、自らに有利な状況を作って株を高値で売り抜けた。このこと自体は、道義的に問題があるとしても決して違法な行為ではない。大量買い付けを持ちかけて手持ち株を売る行為を処罰する規定は証取法にはない。それでもあえて特捜部は村上ファンドを摘発しようとした。そのためにライブドアの「機関決定」の時期を前倒しし、無理矢理インサイダー取引に仕立て上げたというのが実情だろう。

きっかけはフジテレビ！

なぜ、そうまでして摘発しなければならなかったのか。その理由を探るため、ライブドア事件の捜査経過を振り返ってみよう。

すべての始まりは〇五年二月八日、ライブドアが「時間外取引（トストネット1）」でニッポン放送株約九百七十万株を買い付け、同放送株の三五％を持つ筆頭株主に躍り出たことだった。ライブドアの狙いは、言うまでもなくフジテレビの経営権奪取である。以後、ライブドアとフジテレビの間で二カ月余りにわたる激しい攻防戦が繰り広げられた。

この間、フジ・サンケイグループは記者を動員してライブドアのアキレス腱《けん》を探らせている。フジテレビ首脳陣はライブドアの「時間外取引」を刑事告発することができないかどうかについて検察OBを含む弁護士らと協議を重ねた。同じころ、特捜部も立件を視野に入れながら検討作業を進めている。

証取法は上場企業の三分の一を超える株式を市場外の「相対取引」で買う場合、買付価格や株数などを事前開示するTOBをかけねばならないと定めているが、時間外取引は市場内だからTOB規制はかからない。いわば法の間隙《かんげき》をついた奇襲作戦だったのだが、実態は相対取引に限りなく近く、違法行為の可能性がまったくないとは言えなかった。

しかし四月半ば、フジテレビが総額千四百七十億円をライブドアに支払うことで両社の和解が成立した。特捜部のライブドア立件に向けた動きもいったん止んだ。もともと法務省は「同種の時間外取引は他でも行われており、ライブドアだけ問題にするのはいかがなものか」と立件に否定的だったと言われている。

屈辱的な和解を強いられたフジテレビの日枝久《ひえだひさし》会長の怨念《おんねん》は凄《すさ》まじかったらしい。その恨みを晴らす絶好の機会が巡ってきたのは同年秋のことだった。きっかけをつくったのはライブドアグループの元幹部K氏である。

K氏はライブドアグループ内で行われていた「粉飾」を〝内部告発〟し、その証拠となるメールをフジテレビに持ち込んだ。フジテレビはそれを特捜部につないだ。

まもなく特捜部はライブドア周辺の内偵捜査を本格化させ、翌年一月一六日のライブドア本社の家宅捜索、そして堀江社長ら四人の逮捕へとなだれ込んでいく。

最初にかけられた容疑は、相場の変動を目的とする不正行為（偽計・風説の流布）を禁じた証取法第百五十八条違反だった。

〇四年秋、ライブドアマーケティングが出版社マネーライフの買収を発表した際、実際にはすでにダミーの投資事業組合を使って買収していたのにもかかわらず、新たに株式交換で買収するように見せ掛けたほか、ライブドアマーケティングの売上高や利益を水増しした虚偽の発表をした疑いだ。

「偽計・風説の流布」と言えば仰々しく聞こえるが、要は株価を上げるため、企業買収や決算の結果を知らせるニュースリリースにウソを書いたということだ。証券取引法の専門家として知られる大学教授はこう語る。

「検察はライブドア側が投資事業組合で先行取得していたのを隠していたとか、買収時の価格算定が不公正だったとか言ってますが、投資事業組合で先行取得しておいて、その後で株式交換して傘下に収めるのがいけないというルールはどこにもありません。買収の価格算定にしても、ついこの間までみずほグループの三行統合のように合併比率を互いのメンツを尊重して一対一対一などとやっていたわけでしょう。それに、今の東証のＴＤネットに開示される各社のニュースリリースのうち厳密な意味で完璧なのがどれだけあるんですかね。あの程度で偽計とか風説の流布と言うのは無理があるんじゃないでしょうか」

まったくその通りだろう。ほとんどこれは形式犯に近い。少なくとも首脳陣を一斉に逮捕して、株式市場を大混乱させるに足る容疑事実とは思えない。しかし、形式犯を入り口にして、後に本丸に到達したケースがなかったわけではない。ロッキード事件で五億円の受託収賄に問われた田中角栄元首相の逮捕容疑も外為法違反だった。

天下の特捜部が大がかりな強制捜査に乗り出したのだから、ライブドアの奥にはもっと深い闇が広がっているはずだ。誰もがそう思った。やがて週刊誌がライブドアと広域暴力団との癒着疑惑を大々的に報じ始めた。「海外隠し口座」を使った巨額脱税やマネーロンダリング疑惑もさかんに取りざたされた。

会計処理上の技術的問題

強制捜査着手から約四〇日後の二月二三日、特捜部は堀江前社長らを〇四年九月期の連結決算を粉飾した疑いで再逮捕した。

容疑の内容をかいつまんで言うとこうなる。①本来なら「資本」の部に計上しなければならない自社株の売却益約三八億円を「売り上げ」の部に計上し　②子会社にする予定だった結婚仲介サイト運営「キューズ・ネット」など二社の預金計約十六億円をライブドア本体などの売り上げに付け替える手口で、実際には約三億円あった赤字を約五〇億円の黒字と偽った有価証券報告書を提出した――。

もう少し詳しく検討してみよう。①は携帯電話販売会社クラサワコミュニケーションズなどを株式交換で買収した時のことだ。その際ライブドア側は、新たに発行した自社株を傘下の投資事業組合を通じて売却し、その売却益を連結売り上げに組み込んでいる。

この「自社株食い」といわれるやり方が違法とされたのだが、実は、つい四年前まで自社株売却益を「売り上げ」に計上する会計処理は例外的に認められていた。たとえば企業が自社株を償却したり、株主からの買い取り請求に応じたりした際に出た利益を「売り上げ」に計上したとしても問題はなかった。

しかし商法改正で従来禁じられていた「自社株買い」が原則自由になり、その株を「金庫株」として持ち続けられるようになったのに伴ってルールが変わり、自社株売却益の「売り上げ」計上は認められなくなった。

容疑事実の②は、キューズ・ネットなど二社に対する架空売り上げの計上でグループの利益を膨らませたのだが、すでにこの二社はライブドアの傘下に入っており、事実上の子会社の預金を本体などの利益として移し替えたものだ。つまり①のケースも②のケースも粉飾とはいえ、グループ全体の実質財産の総額をごまかしたわけではなかった。

元特捜検事で桐蔭《とういん》横浜大学コンプライアンス研究センター長の郷原信郎《ごうはらのぶお》教授が言う。

「特に起訴事実の中心となった①は、従来の刑事処罰の対象となってきた粉飾決算事件とは明らかに性格が異なっています。要するに『儲《もう》かったか、儲からなかったか』『財産が増えたか、減ったか』ではなく、『儲けた金をどう会計処理するか』という会計処理上の技術的な問題なのです。しかも、最近のファイナンス理論では、自社株売却益も本業による利益と本質的な違いはなく、売り上げとして計上することも必ずしも違法ではないという考え方もあり得ます。こんな会計処理上の微妙な問題について、法律や会計が専門ではない堀江被告が違法性を認識していたことを立証するのは容易ではないでしょう」

巨大な2ちゃんねる事件

特捜部が過去に手がけた大型経済事件は数多い。平和相銀の不正融資事件（八六年）、仕手集団「光進」の国際航業乗っ取り事件（九〇年）、東京佐川《さがわ》急便の特別背任事件（九二年）……どの事件でも巨額の金が外部に流出した。捜査が進むにつれて政界や暴力団との癒着構造が明らかになり、犯行の悪質さがくっきりと浮かび上がってきた。

だが、ライブドア事件は違う。特捜部はスイスに係官を派遣して「海外隠し口座」を使った巨額脱税やマネーロンダリング疑惑も調べたが、立件可能な事実は何も出なかった。取材にあたった記者たちからも「あれだけ大騒ぎしたのに、いったいこの事件は何だったのか」とため息が聞こえた。ライブドア幹部の一人はこう漏らす。

「強制捜査が始まる前から、ライブドアは広域暴力団の資金源とか、政界と癒着しているといった噂話がネット上に氾濫《はんらん》し、怪文書も飛び交っていました。その種の情報にマスコミが飛びつき、当局も惑わされた。結果はご覧の通り。根も葉もない噂話がいつのまにか現実のように錯覚されてしまった。その意味でライブドア事件は巨大な2ちゃんねる事件だったと言ってもいいのではないですか」

失態は捜査段階だけに止まらなかった。五月二六日に開かれた宮内亮治《りょうじ》・前取締役ら四人の初公判は、弁護側が「事前に開示された証拠と検察側冒頭陳述の内容があまりに違いすぎる」と抗議して検察側証拠に対する意見を次回に持ち越す異例の展開となった。

通常、被告が基本的な事実関係を認めている裁判が冒頭から荒れることはない。なのに弁護側が猛反発したのは「事前の打ち合わせと違って、検察側が粉飾決算を当初から計画されていた、極めて悪質な犯行のように指摘したからだ」（宮内被告の弁護人）。

検察側にとって宮内被告は、起訴事実を全面否認する堀江被告を有罪に追い込むための重要証人である。なぜ、彼の協力が得られなくなる危険を冒してまで粉飾決算の計画性・悪質性を強調しなければならなかったのか。

「もともとこの事件は犯罪性が希薄。粉飾といっても実際に利益は会社に入っていて、粉飾金額も少ない。そのうえ計画性がなければ『何？　この事件』となる。それは検察上層部としては許せない。恰好《かっこう》がつかない。だから現場の検事が作った冒頭陳述案を上司が書き換えたと聞いてます。それにしても、なぜ現場は拒否しなかったんですかね」(同)

事実をありのままに見るのではなく、検察にとって都合のいいストーリーに事実の断片をあてはめていく。それでも証拠が足りなければ、法律を拡大解釈する。

ライブドア・村上ファンド事件に見られる、こうした捜査の傾向は数年前から顕著になりだした。たとえば四年前のムネオ疑獄を思い出してほしい。

〇二年五月、鈴木宗男《むねお》・元官房副長官の盟友といわれた外務省の前主任分析官・佐藤優《まさる》が特捜部に逮捕された。外務省関連国際機関「支援委員会」の予算をイスラエルでの国際学会参加の費用に流用したという背任容疑だった。

要は学会参加費用のひねり出し方が悪かったというのだが、学会のテーマはロシアの外交政策で、予算支出は局長や次官の決裁まで受けている。こんな犯罪性のかけらもない容疑事実で逮捕されるのなら、公務員はみな逮捕の恐怖に脅《おび》えなくてはならなくなる。

佐藤はベストセラーとなった手記『国家の罠』(新潮社)の中に、取り調べ中の検事が発した次のような言葉を記録している。

「これは国策捜査なんだから。あなたが捕まった理由は簡単。あなたと鈴木宗男をつなげる事件を作るため。国策捜査は『時代のけじめ』をつけるために必要なんです。時代を転換するために、何か象徴的な事件を作り出して、それを断罪するのです」

事件を「作る」とは、法律の適用基準を恣意《しい》的に下げることにより、従来なら合法の範囲内だった行為を犯罪として摘発することである。検事は佐藤にこうも言った。

「国策捜査は冤罪じゃない。これというターゲットを見つけだして、徹底的に揺さぶって、引っかけていくんだ。（中略）何か隙があるんだ。そこに僕たちは釣り針をうまく引っかけて、引きずりあげていくんだ」

司法官僚の驕り

こうした国策捜査が頻繁に行われるようになったきっかけは、私の見るところでは九二年の東京佐川急便事件である。この事件では「政界のドン」といわれた金丸信《かねまるしん》・自民党副総裁（当時）が五億円のヤミ献金を受けていたことが明らかになった。だが、特捜部は金丸の事情聴取もせずに彼を政治資金規正法違反で略式起訴（罰金二〇万円）し、国民の凄まじい反発を買った。

霞が関の検察庁舎の玄関には抗議の黄色いペンキがぶちまけられた。職員たちの家族からも「恥ずかしくて『主人は検察庁に勤めています』と人前で言えなくなった」と不満の声が噴き出した。

ある最高検検事は「検察庁は幻想の上に成り立っている役所なんだ。特捜部があるから、検察は巨悪を摘発してくれると誰もが信じ、それが検察を支えてきた。なのにこんな決着をしたんじゃ、検察への信頼が根底から揺らいでしまう」と悲痛な声をあげた。検察が直面した戦後最大の危機だった。

ところが翌年三月、特捜部が金丸氏を巨額脱税容疑で逮捕すると、状況は一変した。検察不信の声は拍手喝采《かっさい》に変わった。事件の衝撃で三八年に及ぶ自民党の一党支配が終わり、ロッキード事件以来、検察に重くのしかかってきた旧田中派の重圧も消えた。

やがて検察OBが政府機関のトップに次々起用されるようになった。預金保険機構理事長、公正取引委員会委員長、証券取引等監視委員会委員長、金融庁長官……検察は我が世の春を迎え、国家の秩序を支える司法官僚としての自負心がやがて驕りに変わった。組織の安泰のためにやらなければならないことはただ一つ、時代の「象徴的な事件を作り出し、それを断罪する」作業を繰り返すことである。

九〇年代後半から、司法官僚の驕りとポピュリズムがないまぜになった国策捜査が本格化した。九九年に特捜部が手がけた長銀・日債銀事件も破綻銀行の法的処理を促進する金融再生法に基づく国策捜査だった。

このとき刑事責任を問われた銀行幹部の多くは破綻の原因をつくったバブル時代の経営陣でなく、その尻拭《しりぬぐ》いをした後任者だった。捜査の目的は破綻の原因と責任の所在を明らかにすることではない。国民の前に〝生贄《いけにえ》のヒツジ〟を差し出すことである。

モラルハザード

皮肉にもと言うべきか、それとも当然というべきか、国策捜査が繰り返されるにつれ、特捜部の捜査能力は落ちていった。それを最初に示したのは、不動産開発のコリンズ・グループ総帥・小林政雄が返済の見込みのない無担保融資を受けたとして特別背任罪に問われた事件（九七年）だろう。

これは拙著『特捜検察の闇』（文春文庫）にも書いたことだが、コリンズ・グループは都内の土地（公簿面積約三千三百平方メートル）を担保に住専から八五億円の融資を受けていた。特捜部はこの土地の公簿面積をもとに担保評価額を六百億円と算定。すでにこの土地には別のノンバンクが六百一億円の抵当権を設定していたから、住専からの八五億円は無担保融資だったと断定した。

ところが、裁判の過程でこの土地には公簿面積より実測面積が大きくなる「縄延び」が相当あることがわかった。その差は約一九〇平方メートル。少なくとも約三五億円分の担保余力があったことが判明した。

つまり特捜部は「縄延び」という不動産売買で頻繁に起こる現象を無視して、公簿面積だけを根拠に無担保融資と断じていたのである。緻密な捜査を身上としてきた特捜部には考えられない致命的ミスである。裁判所は特別背任について小林氏に無罪を宣告した。

同じようなことはつい最近も明るみに出た。ライブドア事件当時の特捜部長・大鶴基成《おおつるもとなり》検事が調べにあたった元官房長官・村岡兼造の政治資金規正法違反事件だ。村岡は〇二年三月の派閥幹部会で日本歯科医師連盟からの献金一億円の処理を話し合った際、日歯連あての領収書を発行せず、政治資金収支報告書にも記載しないよう指示したとして起訴された。

検察側は当初、問題の幹部会は午前一一時半から正午まで約三〇分間開かれたと主張していた。ところが弁護側の調べで、その日は午前一一時三九分まで参院本会議が開かれており、幹部会は一一時五〇分ごろから一〇分程度しか開かれなかったことが判明した。

裁判所は「そんな短時間で領収書の不発行を決定したというのは理解しがたい」などと検察を厳しく批判し、村岡氏に無罪を言い渡した。参院本会議の閉会時間という基礎的な事実の確認を怠った特捜部のミスだった。

この事件で検察側立証の柱となったのは「幹部会で村岡氏に指示された」という派閥の会計責任者の証言だった。だが判決は①一億円は派閥会長の橋本元首相あて献金だった疑いがある　②領収書不発行など一連の献金処理は自民党本部の事務局長を通して行われた可能性がある――と指摘した上で「会計責任者の証言は派閥会長の橋本元首相や自民党本部事務局長に累が及ぶのを避けるための作り話で、とうてい信用できない」と断じた。

私の知る限りでは、特捜部の政界捜査をこれほど根本から否定した判決は例がない。もともと野中広務《ひろむ》、青木幹雄《みきお》ら実力者が並み居る幹部会で村岡が献金処理の最終決定を下したという筋書き自体に無理があったのは明らかである。

それでも何とか政治家を立件したい特捜部と、派閥・党の中枢への波及を食い止めたい会計責任者の思惑が合致して、事件発覚時には政界を引退していた村岡に責任を負わせたというのが真相だろう。判決要旨の行間からは杜撰な捜査で「事件を作る」特捜部に対する裁判官たちの怒りがにじみ出ている。

口封じ逮捕

こうした捜査能力の低下以上に深刻なのが検察中枢部で起きているモラルハザードである。

〇二年四月、最高検は大阪地検特捜部に命じて、検察の裏金づくりを内部告発していた三井環《たまき》・大阪高検公安部長を逮捕させた。

容疑は①三井氏が購入したマンションの登録免許税を免れるため、住んでもいないマンションに住んでいると虚偽申請した　②職務上の必要がないのに暴力団関係者の前科調書を取り寄せた、という取るに足りないものだった。誰の目にも明らかな口封じ逮捕である。

断言してもいいが、そのことを知らない検察関係者はいない。しかし、それを公然と口にする現職の検事や事務官は一人もいない。組織を裏切ったりすれば、三井と同じ目に遭うのをよく知っているからだ。

だが、新聞やテレビはそのことをほとんど報じない。知らないからではない。下手に批判すれば検察の不興を買い、捜査情報が取れなくなるからだ。あるいはこう言ったほうが正確かもしれない。検察担当記者たちに求められているのは捜査情報を取ることであって権力の横暴を糾弾することではない。記者たちはただ職務に忠実なだけだ、と。

情報をエサに新聞やテレビを味方につければ、検察が批判されることはほとんどない。つまり世間の耳目を引く事件を立て続けにやっている限り、情報源としての検察の重要さは失われないから、どんなに無茶をしても記者たちはそれを正当化してくれる。逆に言えば、検察は自らの威信や影響力を保つために次から次へと事件を摘発しなければならないという自転車操業的体質をこの十数年で身につけてしまったのである。

こうして検察組織の劣化は急激に進んだ。その一方で、強大な権限を与えられているがゆえに、自らを厳しく抑制する「秋霜烈日」の精神は失われ、「この国を統治するのは俺たちだ」と言わんばかりの権力的な自意識だけが肥大化した。

松尾邦弘検事総長（当時）は「我が国が規制緩和・事後救済型社会への転換を図る諸改革を推進している中で、司法の役割はますます拡大していく」（〇二年六月の就任挨拶）と金融・証券犯罪の摘発強化を宣言した。その言葉がいくらもっともらしく聞こえても、その内実は、これまで手の出なかった企業社会の中枢に検察の〝縄張り〟を広げていくことにほかならない。

その絶好のターゲットとして選ばれたのがライブドアであり、村上ファンドであった。こんな恣意的な捜査が繰り返されれば、企業は常に検察の顔色をうかがいながら経済活動をするしかない。検察官統制経済の始まりである。一握りの司法官僚の思惑が企業社会の動向まで左右する、そんな異常な世界に一体誰が住みたいと言うのだろう。

第七章　ＮＨＫと朝日新聞

日本のメディアの現状を最も端的に示したのは二〇〇五年一月、朝日新聞の報道で明るみに出たNHK番組改編問題だった。おそらく多くの読者は「あれは朝日新聞の誤報だったのではないか」という印象をお持ちだろうが、真相は違う。

すでに拙著『国家とメディア』（ちくま文庫）で詳しく論じているのでここでは簡単にしか触れないが、番組改編が政治的圧力によって行われたことは間違いのない事実だ。にもかかわらず朝日の報道が誤報のような印象を与えた原因は二つある。

原因の一つは、朝日の報道が事件の全体像を明確に読者に提示することができなかったことだった。〇五年一月一二日付朝刊で朝日はこう報じた。

NHK教育テレビで「問われる戦時性暴力」と銘打った特集番組が放送された〇一年一月三〇日の前日の二九日午後、松尾武《たけし》・放送総局長（当時）、国会対策担当の野島直樹《なおき》・担当局長（現理事）らが中川昭一《しょういち》・経産相（当時）、安倍《あべ》晋三《しんぞう》・自民党幹事長代理（当時）内閣総理大臣に呼ばれ、議員会館などでそれぞれ面会した。両議員は「一方的な放送はするな」「公平で客観的な番組にするように」と求め、中川氏はやりとりの中で「それができないならやめてしまえ」などと放送中止を求める発言もした。

この直後の同日夕、伊東律子《りつこ》・番組制作局長（当時）と松尾、野島両氏が参加して「異例の局長試写」が行われた。試写後に総局長らが、

①民衆法廷に批判的な専門家のインタビュー部分を増やす

②「日本兵による強姦や慰安婦制度は『人道に対する罪』にあたり、天皇に責任がある」とした民衆法廷の結論部分などを大幅にカットする

よう求めた。

さらに放送当日の三〇日には中国人元慰安婦の証言削除などを指示。番組は通常より四分も短い四〇分の短縮版で放送された。NHK幹部は「教養番組で事前に呼び出されたのは初めて。圧力と感じた」と政治介入を認めている。

つまり朝日が描いたのは、安倍、中川両議員の直接的な政治介入で番組がねじ曲げられたという事件の構図だった。これに対し安倍氏は、

「NHK側が『予算の説明をしたい』ということで時間を割いた。その中で先方から党で話題になっていた番組の説明もあり、私が『公平公正な報道をしてもらいたい』と述べたのが真実。もし（政治介入という一部報道が）事実ならば、いつ、どこで、誰と、何を話したのか証明してもらいたい。できないならばはっきり謝罪してもらいたい」

と要求した。中川氏も滞在先のパリで会見し、

「NHK側と面会したのは放送三日後の二月二日だった」

と放送前の政治介入を否定した。これに歩調を合わせるようにNHKが翌一四日、「幹部が中川氏に会ったのは放送三日後で、明らかな事実誤認だ」と朝日に文書で抗議した。

さらにNHKの松尾元総局長が会見し、朝日の取材を受けた「NHK幹部」が自分であることを明らかにしたうえで、

「圧力を感じたことはなく、政治介入があったとは全く思っていない。記事は私の発言をねじ曲げたものだ」

と朝日を激しく非難した。

松尾元総局長の言い分については後で触れることにして、まず安倍・中川の主張を検討しよう。安倍は「NHK幹部を呼びつけたのではなく、NHK側が『予算の説明をしたい』と言って来たのだ」と言い、中川は「NHK幹部とは放映前に会っていない」と主張している。朝日はこの二人の主張をその後の追加取材でも明確に崩せなかった。

実際のところ、その後のNHK側の主張や、議員会館の面会記録などと突き合わせると、安倍・中川の主張は正しいのだろうと私は思っている。しかし、だからといって安倍・中川がNHKに対して政治的圧力をかけなかったということにはならない。彼らはもっと巧妙な形で圧力をかけ、番組をねじ曲げたのである。

日本会議

もう一度、番組改編にいたる経緯を振り返ってみよう。

女性国際戦犯法廷の特集番組がNHKで放映されるという情報をいち早くキャッチして動き出したのは、日本最大の右派団体で、政官界に大きな影響力を持つと言われる「日本会議」グループだった。同会議は放送四日前の一月二六日、小田村四郎副会長らが総務省を訪ね、片山虎之助《とらのすけ》大臣（当時）に番組放送は「わが国の名誉を傷つける」ものだという抗議文を手渡し、片山大臣から「調べてみよう」という返答を引き出している。

これと並行して、日本会議と密接な関係を持つ「日本政策研究センター」（伊藤哲夫《てつお》所長）もNHKの「暴挙を阻止すべく」「抗議と放映中止の要求活動」（機関誌『明日への選択』より）を活発に繰り広げている。同センターの伊藤所長は安倍氏のブレーンと言われる人物で、女性国際戦犯法廷に反対するキャンペーンを展開していた。

この日本会議グループの動きと呼応するように「若手議員の会」から番組放送に反対する声が上がった。放送五日前の一月二五日前後のことである。

NHKの国会対応担当局長だった野島氏の陳述書によると、彼の部下が古屋代議士ら自民党総務部会のメンバーたちを訪ねた際、複数の議員から、

「『若手議員の会』の議員らが昨年一二月に行われた『女性国際戦犯法廷を話題にしている』」「NHKがこの法廷を番組で特集するという話もきいているが、どうなっているのか」「予算説明に行った際には必ず話題にされるだろうから、きちんと説明できるように用意しておいたほうがいい」

などと言われた。この情報はすぐにNHKの伊東番制局長に伝わった。関係者の証言によると二六日、野島局長から伊東局長に電話があり、「議員会館で火をつけて回っている右翼を番組に取り込めないか」と打診があったという。

この「右翼」が誰を指していたのか明確ではないが、日本会議グループの関係者であることは間違いないだろう。つまり野島局長は「若手議員の会」のバックにいる「仕掛け人」が誰であるかを正確に察知していた。その「仕掛け人」を番組に登場させ、彼自身の主張を語らせることで「若手議員の会」の反発を和らげようとしたのである。

しかし、伊東局長の周囲から「その人物が番組に出演する必然性がない」という声が出たため野島局長の提案は採用されなかった。その代わりに日大の秦《はた》教授に登場してもらうことになったという。

▼二六日夜、制作現場には「自民党の国会議員から番組へのクレームがあり、（国会対策を受け持つ）総合企画室の担当者が対応に追われている」という情報がもたらされた。その

後、長井デスクは「番組内容に対するクレームにどう答えるか」という対応メモを作成するよう指示された。
▼二七日、伊東局長が制作現場のスタッフに「若手議員の会」がつくった単行本「歴史教科書への疑問」を見せ、そこに登場する議員たちの名を指し示しながら「番組で騒いでいるのはこの人たちなのよ」と語った。
▼二八日午後二時から、「反対の立場にある研究者のインタビューを加える」という吉岡教養番組部長の指示に基づいて秦教授のインタビュー収録が教授宅で行われた。午後六時半にはこの収録分などを入れ込んだ粗編集ができあがり「部長試写」が行われた。吉岡部長は数カ所の修正を求め、午後一一時ごろにその修正版が完成した。再度の「部長試写」の結果、部長のOKが出て、オフライン編集（仮編集）の四四分版ができあがった。
▼二九日午後五時ごろ、制作現場に「番組制作局長室で試写が行われる」という連絡が入った。スタッフたちがテープを持って局長室に出向くと、伊東律子・番組制作局長がこう切り出した。
「もうすぐ松尾さん（放送総局長）が永田町から戻るので、そうしたら試写を始めましょう。この（予算審議の）時期にNHKは政治と戦えないのよ。天皇有罪とかは一切なしにしてよ。番組尺が短くなったら、ミニ番組で埋めるように編成に手配してちょうだい」

松尾証言

しばらく待ったが、松尾総局長はなかなか戻ってこなかったため、伊東局長だけの試写が始まった。永田プロデューサーがテロップ情報を書いた紙を画面の前に差し出し、長井デスクがコメントを読み上げた。

このとき、松尾や野島が永田町《ながたちょう》で会っていたのが安倍ら「若手議員の会」のメンバーたちである。松尾は安倍に会った時の様子を朝日新聞のインタビューにこう語っている。

「(安倍)先生はなかなか頭いいよ。抽象的な言い方で人を攻めてやってましたからね。いやな奴だなあと思った要素があった。ストレートに言わない要素が一方であった。『勘ぐれ、お前』みたいな言い方をした部分もある。全体の雰囲気として人から聞いたことを真に受けて『注意しろ』と、『俺が目をつけているぞ』『見てるぞ』と。力によるサジェスチョンだな。それを一方的に与える。ええ恰好《かっこう》しだな。ぱっと電話取って、ご注進した人たちに『いまNHKが来てたぞ。いま言ってやったぞ』と、よくやるんですよ。要するに『間違っても一方的な攻め方(注・プロパガンダの意か)はしないでほしい』というような形だったね。時間としたら五分くらいですからね」

松尾はさらに朝日の「ただの脅しと思った?」という質問にこう答えている。

「脅しとは思ったけど、より公平性、中立性、そういうものにきちっと責任持って作らねばならないという気持ちは持ちました。相手につけ入るすきを与えてはいけないという緊張感が出てきたのは事実。どれが正論というものもなく、みんなが不安になった」

この松尾証言を読めば、安倍の言葉を松尾や野島がどう受け取ったかは言うまでもないだろう。たしかに安倍は放映中止を求めたり、露骨に番組改編を求めたりする言葉を使っていない。しかし、NHK側がそれを「脅し」や圧力と受け止めるような巧妙な言い回しをしたのである。

午後五時五〇分ごろ、松尾総局長が憔悴《しょうすい》しきった顔で番組制作局長室に入ってきた。そこで試写を中断し、まもなく国会対策担当の野島局長もやってきた。海老沢勝二《えびさわかつじ》会長（当時）の「お庭番」とも言われる野島局長が試写に加わるのは前代未聞の出来事だった。

午後六時すぎ再開された試写は午後七時前に終了した。そのまま番組内容の修正をめぐる議論に移り、野島局長が終始リードする形で番組内容の大幅修正が決まった。松尾総局長や伊東制作局長の態度からは野島局長に完全に頼り切った様子がうかがえた。

野島局長の「修正指令」は多岐にわたったが、主な部分は次の三カ所だった。

①女性国際戦犯法廷に反対の秦教授のインタビューを大幅に増やす。このため秦教授の新たな談話が追加された

②スタジオ出演したカリフォルニア大学の米山リサ准教授の話を中心にスタジオの内容を大幅にカットする

③日本軍による強姦や慰安婦制度が「人道に対する罪」を構成すると認定し、日本国と昭和天皇に責任があるとした法廷の結論部分を全面削除する

野島局長らの指示通りに修正すると番組の放送時間が四四分に届かなくなった。このため、さして意味のない法廷場面の映像を追加したりしたが、それでも四三分にしかならなかった。

「しょうがねえ、これでいこうよ」

と吉岡部長がつぶやいた。

この大幅修正で「女性国際戦犯法廷という試みを『人道に対する罪』をキーワードにして歴史的潮流のなかに位置づける」という番組の企画意図は大きく損なわれた。

再削除指令

だが、それでも法廷のハイライトともいうべき元慰安婦たちの証言はほぼ手つかずで残っていた。現場のスタッフたちは「不本意な形でも放送して彼女たちの証言を多くの視聴者に伝えることには意味がある」と自分に言い聞かせながら、二九日深夜から早朝にかけてオンライン編集（本編集）の手直し作業をつづけた。だが、彼らは自分たちの判断が甘かったこ

とを、翌日の放送直前に思い知らされることになる。

▼一月三〇日、午前九時から809スタジオでダビング作業（音入れ）が始まった。声優による吹き替えや、アナウンサーによるナレーションが収録され、午後三時すぎからはミックスダウン作業が行われた。ダビング作業が完了する直前の午後六時ごろ、松尾総局長からスタジオにいた吉岡部長に呼び出しの電話が入った。番組制作局長室に出向くと、松尾総局長が切り出した。

「吉岡よ、また検討したんだけど……」

と切り出した。

午後六時半、スタジオでは四三分版の番組が完成した。吉岡部長から「さらに三分カット」の指令が伝えられたのはその直後だった。

カット部分は次の三カ所だった。

①中国人の強姦被害者の紹介と証言
②東ティモールの慰安所の紹介と、元慰安婦の証言
③自ら体験した慰安所や強姦について語る元日本軍兵士の証言

つまり現場の「不本意な形でも放送することに意味がある」という判断の拠《よ》り所となっていた証言部分をすべてカットしろというのである。長井デスクは猛反発した。

「そんなことをしたら大問題になる。松尾総局長になんとか再考を促してほしい」

と永田プロデューサーに頼んだ。

「そうだよね。いま僕らはひゅーっと奈落の底に落ちて行ってるようなもんだよね。松尾総局長に会ってくる」

永田プロデューサーはスタジオを離れて、制作主幹と一緒に総局長室を訪ねた。

「三分削除をすると番組だけでなく、NHKが根本的な傷を負いかねません」

だが、松尾総局長は、

「自分が放送に全責任をとるのだから、自分の納得する形で放送したい」

とはねつけた。

放映直前になってなぜ再度の削除指令が出たのか。その理由を松尾は朝日の取材にこう答えている。

――放送日の夕方、吉岡部長に「三分削れ」と言ったのは、なぜ？

松尾　これは絶対マル秘よ。俺はあれ（四三分版）でいいと思った。皆もそう思った。ところが、ある人が不安になった。「どうしても」と言って仲間に聞いて回った。するといろんな意見が出た。それで改めて（カットの話が）出てきた。

――伊東律子さん？

松尾　そうそう。俺は「いいやん、もう」と言っているのに、「だめか？」と聞くと、律ちゃんは「私は心配だ」「ここまで総局長、やったなら、もうちょっと公平性ということ考えようよ」と言った。そりゃ（番組作りは）番制局長の責任だから。

——伊東さんはなんで突然言いだしたのか。誰かに言われたとか。

松尾　いろんな歴史観があるから。

——海老沢会長に言われたとか？

松尾　そんなものはない。

伊東陳述書

松尾は海老沢勝二・NHK会長（当時）の関与を否定しているが、伊東番制局長の陳述書によれば、彼女は三分カットを決める直前に海老沢に会っている。そのとき海老沢は、

「何だか騒々しいようだね。右翼団体が問題にしている女性法廷というのは一体どんなものなのか」

と尋ねた。彼女が法廷の概要を説明したうえで、

「従軍慰安婦問題は国民の間でも意見が分かれていますので右翼団体などから抗議もきました。ただ現場も慎重に扱っています」

と答えると、

「そうなんだ。この問題はいろいろ意見があるからな。なにしろ慎重にお願いしますよ」

と言ったという。

伊東は会長と話したことを松尾総局長に伝えておいたほうがいいと思い、その足で総局長室に行った。そこで松尾と話しているうちに「本当にこのまま放送していいのか。もう一度考えなくていいのか」という気持ちになり「総局長と二人で再度番組の内容を確認していった結果、やはりこれらのシーンを削除するのが妥当ではないかという話に」なったという。

一方、放映直前に三分カットを命じられた長井はスタジオからNHKの組合幹部に電話をかけ、何とかしてほしいと頼んだ。だが、しばらくして組合幹部から戻ってきたのは「これまで何の情報も伝えられていなかったので、今すぐに行動を起こすことは難しい」という返事だった。

長井はスタジオに戻ってきた吉岡部長にも訴えた。

「四〇分で放送するのは、世間に向かって改編しましたと公言するようなものです」

「それはオレも分かっている。オレも反対したが、松尾総局長は『君たちとこれ以上議論するつもりはない。指示通りに作業を進めてくれ』と言って取り合わない。なんとか指示通りにやってくれないか」

吉岡部長の説得でカット作業が午後七時すぎから行われた。完了したのは放送開始一時間半前の午後八時半ごろだった。

午後一〇時、現場の猛反対を押し切ってつくられた四〇分版の「〜シリーズ戦争をどう裁くか〜第二回　問われる戦時性暴力」が放送された。

ETV特集は教養特集、現代ジャーナル、ETV8などと番組名を変えながら三〇年以上前から現在まで一万本近く放送されてきたが、放送時間より短い尺で放送されたのはこれが初めてのことだった。

この経過を見ればお分かりと思うが、この番組改編劇にはかなり巧妙な仕掛けが施されている。松尾や野島らNHK幹部たちは安倍に呼びつけられたのではない。安倍ら「若手議員の会」のもとに出向くよう仕向けられたのである。そして「仕掛け人」が目論《もくろ》んだ通り、安倍らの意向を敏感に察知して、制作現場に改編を命じたのである。

中川証言

では、中川昭一の「NHK幹部と会ったのは放送三日後だ」という反論はどうだろうか。これは朝日新聞の中川インタビュー記録を読めば答えは自《おの》ずから出てくる。

松尾インタビューの翌朝、本田記者は都内の中川氏の自宅を訪ねている。そこで本人が長崎に出張していると聞き、羽田《はねだ》空港から長崎に飛んだ。空港から中川議員の秘書の携帯電話に電話して取材趣旨を伝えると、「先生は現在講演中。いずれ長崎空港に行くから空港で待機せよ」との返答だった。空港で待つと、秘書から「いま、先生と代わる。この電話でのみ取材に応じる」と電話が入った。以下のやりとりは本田記者のメモと、後で彼がテープに吹き込んだ取材内容に基づくものだ。

中川「ああ、その件か。知ってるよ。覚えているよ。どうしようかな。ノーコメントにしようかな。しかし俺の名前がそこ（内部告発）に書かれているんだろ？　とするとノーコメントにするわけにもいかないな」

本田「その通りです。きちんと説明したほうがいいと思います。放送内容がどうして事前に分かったのですか？」

中川「同じような問題意識を持っている我々の仲間が知らせてくれた」

本田「それは誰ですか？」

中川「我々の仲間だと言っているだろう。それは安倍さんに聞いてくれ。とにかく事前に内容を知ったんだ」

本田「それで二九日にＮＨＫの野島、松尾両氏に会われたわけですね」

中川「ああ会った、会った。議員会館でね。若い女がいたな」

本田「女？　伊東律子さんですか？」
中川「そう。伊東律子と言ったな」
本田「（NHK側に）何と言われたのです？」
中川「マスコミお断りの裁判ごっこになぜNHKが入れたのかって」
本田「マスコミお断りでなく、私どもも海外メディアも取材してました」
中川「当たり前だ。朝日なんかは主催者と同類だし、わけのわからん海外メディアだ。それにあれは法廷じゃないだろう。裁判ごっこじゃないか。それを法廷とか言うなよ。とにかく番組が偏向してると言ったんだ。それでも『放送する』というからおかしいじゃないか、ダメだって言ったんだ。だって『天皇死刑』って言ってるんだぜ」
本田「それは事実誤認です。『天皇有罪』は言っていましたが」
中川「俺はそう聞いたんだから。そこ（法廷）に行っていた人から俺は聞いてるんだから。それで裁判ごっこするのは勝手だが、その偏向した内容を公共放送のNHKが流すのは、放送法上の公正の面から言ってもおかしい。偏っているって言うと、向こう（NHK）は教育テレビでやりますからとか訳のわからんことを言う。あそこを直します、ここを直しますからやりたいと。それでダメだと。放送法の趣旨から言ってもおかしいじゃないかって」
本田「どこをどう直すと？」

中川「細かいことは覚えてねえよ」
本田「居合わせた人の話では『公平で客観的な番組にしろ。それができないならやめちまえ』と言われたとか？」
中川「売り言葉に買い言葉で言ったかもな」
本田「放送中止を求めたのですか？」
中川「まあ、そりゃそうだ。それより誰が告発しているんだって？」
本田「番組を作った現場の人です」
中川「作った人間も左翼だからな。俺のところへ来たＮＨＫの連中もそんなことを言っていたよ」
本田「これは報道や放送に対する介入だと思いませんか？」
中川「俺たちと逆の立場の人間から言えばそうだろう。俺は全然そう思わない。当然のことをやった」
本田「番組は観たのですか？」
中川「観ていない。どうせひどい番組だと思っていたので、そんな番組観る気にならない」
本田「偏向したＮＨＫの予算は通さないということは言われた？」

中川「向こう（NHK）のほうが『こういう大事な時期ですから』って言ってきた。それで俺が『予算の時期だろ』って。俺は党の通信部会でもこんな偏向報道のNHKの予算は通すべきでないと堂々と言っている」

中川はNHKに事前に圧力をかけたことをはっきり認めている。これだけはっきりしゃべったことを後でひっくり返すのは、無責任極まりない態度だと言うほかない。

確かに中川が伊東らと会ったのは放送三日後だったかもしれない。しかし、このインタビューを読む限り、彼は何らかの方法（相手はNHKの記者とか野島の部下である国会対応担当職員だったかもしれない）で事前にNHKに圧力をかけたと判断するしかない。

無断録音

政治的圧力の存在を裏付ける証拠がこれだけそろっているにもかかわらず、朝日新聞の形勢が悪くなってしまった理由はもう一つある。それは、政治的圧力を認めた松尾元総局長らのインタビューテープが存在していることを明言できず、松尾の「記事は自分の発言をねじ曲げたものだ」という主張に有効な反論ができなかったことだ。

もし朝日が松尾テープを即座に公開していたら、おそらくNHKや安倍・中川の反撃を一蹴《いっしゅう》することができただろう。なぜ、朝日はそうしなかったのか。

私の推測では、番組改編問題が明るみに出る約三ヵ月前の〇四年一〇月に起きた「辰濃《たつの》事件」の際の朝日の処置がネックになっていたからだ。辰濃事件とは朝日の社会部記者だった辰濃哲郎《てつろう》が取材録音を第三者に手渡したかどで退社処分になった事件である。

〇四年一〇月九日付の朝日朝刊に掲載された「報告」によると、辰濃記者（報告では名前は伏せてある）らは、私立医大の研究所における補助金の不正流用疑惑を調べるため大学関係者から取材した。相手は録音することを拒み、辰濃記者らも同意したが、約束に反して、バッグに入れてあったMDで録音した。辰濃は数日後、取材相手と対立する立場の人物に録音を聞かせ、さらにこの人物の求めに応じて複製録音したMDを渡した。その後、この録音内容と一致するCD―ROM付きの怪文書が複数の関係者に送られた。取材相手の大学関係者を中傷する内容だったという。

朝日は辰濃らの行為を「取材相手との信頼関係を一方的に損ない」『取材対象あるいは取材源の秘匿』という記者倫理に反する行為」だったと断じた。報告を読まれた方も「退社処分は当然」と思われただろう。

だが、ちょっと待ってほしい。朝日の報告には重要な部分が二つも抜け落ちている。まず第一に、辰濃記者が「約束に反して」録音した相手は単なる取材相手ではなく、彼が暴こうとしていた不正流用疑惑の中心人物、つまり最終ターゲットだったということだ。

辰濃記者らは私立医大のA教授が「遺伝子の分析装置を購入する」として国からもらった多額の補助金で別の装置を買ったという情報をもとに取材を始めた。

大学関係者や医療機器メーカーに裏付け取材した結果、その情報に間違いはないと判断したため、A教授にインタビューを申し入れ、A教授は計四回にわたって取材に応じた。辰濃はA教授を追及したが、A教授は補助金流用を否定した。

こうした追及取材では後で「言った。言わない」の争いになることがよくある。証拠がメモだけでは「そんなことを言った覚えはない」と言われると十分な反論ができない。辰濃らはそれに備えて「隠し録音」した。

確かに「約束違反」だが、実際の取材現場ではそういう選択肢もあり得ないわけではない。少なくとも取材経験者なら辰濃らの気持ちがよく分かるはずだ。

もう一つ、朝日の報告に欠落しているのは、彼が「取材相手と対立する立場の人物」に録音を聞かせたいきさつである。A教授は難解な専門用語を交えながら釈明した。その意味を十分理解するには事情に詳しい大学関係者に解説してもらう必要があった。

辰濃は録音テープを大学関係者に聞かせて矛盾点を指摘してもらい、それをA教授にぶつける作業を繰り返した。しかも計四回のインタビューのうち初めの三回は相手の了解をとって録音している。さらにテープの内容を大学関係者にチェックしてもらうことをA教授側に通告して、相手の了解まで取りつけている。

ここまでの経過には何の問題もない。むしろ慎重すぎるほど慎重な取材姿勢だ。問題になったのは、相手が録音を断った四回目のインタビューである。

このとき辰濃らは新たに浮上した別の補助金疑惑について質問しているが、A教授の不正を裏付けるためMDを大学関係者に渡し、それが怪文書とともに外部に流出した。朝日の報告は以上のような点にまったくと言っていいほど触れていない。詳しい経過を公表すればA教授側の人権を侵害することになるからだという。

しかし、それでは辰濃の名誉はどうなるのだろう。ことの真相を伏せられ、必要以上の汚名を着せられたまま退社処分になった彼の人権はどうなるのか。

朝日は日本の調査報道をリードしてきた新聞社である。当局の発表に頼らない調査報道には、つねにさまざまな危険がつきまとう。事実を突き止めるために危ない橋を渡らなければならないことだってある。しかし、それでもあえて真実を追い求める記者の熱意が調査報道を支えてきた。朝日の幹部たちはそのことを分かっているはずだ。にもかかわらず組織の体面を保つために辰濃を切り捨てたのだと言わざるを得ない。そのうえ朝日はこのとき「無断録音は原則禁止する」という方針を対外的に明らかにした。

もしNHK番組改編問題で「無断録音テープ」の存在を公表したとしたら、朝日は「では、なぜ辰濃記者のクビを切ったのか」「無断録音は禁止したのではなかったのか」という批判にさらされていただろう。だから朝日は松尾テープの存在を最後まで明かすことができなかったのにちがいない。

ＮＨＫ番組改編問題を総括すると、この問題ほど日本のマスコミの異常さを内外に知らしめたものはない。新聞もテレビも大半の雑誌も、ついでに言えばそれによってつくられた世論も正常な判断力を失っている。客観的な事実を見れば、政治的圧力によってＥＴＶ特集がねじ曲げられたのは明らかだ。

しかし、その政治的圧力がなかったかのような報道がまかり通る原因をつくったのは当の朝日新聞である。最初から松尾テープや安倍テープを公開していれば、いわれなき非難を受けることはなかったはずだ。つまり朝日の本田記者らはＮＨＫや安倍、中川に負けたのではない。自分の組織に負けたのである。

ノーブレス・オブリージュ幻想

朝日新聞が辰濃記者のクビを切り、「無断録音の原則禁止」を打ち出した背景には、近年のメディアスクラム批判をはじめとするマスコミ不信の高まりがある。そうした声に応えるには新聞記者自身が襟を正し、世の中の批判を受けるようなことは厳に慎まなければならないというわけだ。

と同時、これは特に朝日新聞に顕著に見られることだが、自分たちは新聞人として特権的な地位を与えられているがゆえに普通の人間よりも高い倫理性を求められている、だから疑惑を招いたり、批判を浴びたりするような行為はしてはいけないのだという、いわばノーブレス・オブリージュ論とセットで語られることが多い。

しかし、新聞記者に「特権的な地位」が与えられているというのは本当だろうか。たしかに大手マスコミの記者たちは、記者章さえあれば普通の人が簡単には出入りできない首相官邸とか政党本部とか防衛省や検察庁、警視庁などの役所にも出入りできる。だが、それはこれまで見てきたように、日本に新聞が出現した明治以来、新聞社と官僚機構との間に形成された、もちつもたれつの馴《な》れ合い関係の結果、獲得したものにすぎない。

そもそも報道とはそれほど神聖な仕事ではなく、情報という商品を不特定多数の消費者に売る仕事にすぎない。そして、その商品の原料である一次情報の約七割（これはあくまでも私の実体験に基づく推測だが）は、官庁もしくはそれに準じる機構からただで提供されるものだ。そういう意味で報道に携わることを恥とするならともかく神聖視したり、特権視したりするいわれはまったくない。

管理強化と統制

朝日新聞を退社した辰濃は、後に『月刊現代』〇六年一一月号に「管理強化が生む捏造《ねつぞう》と不祥事」という題で十数年前の朝日社会部の情景をこう描いている。

彼が朝日の大阪本社から東京社会部に異動になったのは一九八九年のことだった。着任して驚いたのは、その荒っぽい雰囲気だったそうだ。

安全保障問題一筋に生きてきた記者や平和問題、軍事問題、女性差別問題などそれぞれ専門分野を持ったロートル記者が社会部の奥のほうに陣取って、大声でわめきちらしている。事件一筋で、ほとんど会社に上がってこないでネタを追い続ける中堅記者がいた。年に数本の原稿しか書かないが、書いた記事はうなるほどうまい記者がいた。それぞれの個性が一家を構え、自由な雰囲気の中でプライドを持って責任を果たしていたという。

私の記憶でも、ホントにあのころの朝日はすごかった。リクルート事件報道は朝日の独擅《どくせん》場《じょう》だった。佐川急便事件でも金丸信《かねまるしん》・自民党副総裁（当時）への五億円ヤミ献金をすっぱ抜き、その後の自民党分裂のきっかけをつくった。取材力、記事の正確さ、文章のうまさ。どれをとっても他紙の追随を許さなかった。

それもこれも記者たちがのびのびと仕事ができる環境があったからだろう。辰濃によれば「社会部のど真ん中で、デスクと怒鳴り合いのけんかをしている記者がいる」かと思えば

「当番編集長が紙面についての意見を言いに来ても、涼しい顔で追い返すデスク」がいた。記者たちは「自由な発想で企画案をボトムアップ」で提案し、「何より、それを受け入れる度量を持った部長や編集局幹部がいた」という。

そんな社内の空気が変わり始めたのは五年ほど前らしい。それまではデスクと記者、あるいは部長で完結していた記事が「編集権は局長室にある」という号令で、当番編集長が全権を握り、編集局長室の紙面への「介入」が目に余るようになった。

いくら現場で議論して原稿を詰めても、編集長が黒を「シロだ」と言えば、理不尽と思ってもデスクはそれに従わざるを得なくなった。「上（局長室）がなあ」という言い訳がデスク間に横行し、ものを言う記者たちが相次いで左遷され始めた。いつの間にか、人事に戦々恐々としながら上司の指示に無批判に従う「物言わぬサラリーマン記者」集団が出来上がったという。

辰濃の文章を読みながら、私は自分が共同通信に入社した七五年当時のことを思い出した。あのころの共同通信には自由と活気があった。造反有理。部長やデスクと口論するのは当たり前だった。

入社間もない私でも理不尽だと思ったら、部長だろうと支局長だろうと相手構わず直談判した。深夜、支局長の自宅に怒鳴り込んでいったこともある。それでも左遷されたり、爪弾《つまはじ》きにされたりはしなかった。

ところが、それから二〇年後、私が退社するころには共同通信の空気は一変していた。ものの言えば唇寒し。記者たちは一人ひとりが孤立させられて何も主張できなくなり、言いようのない虚無感と倦怠《けんたい》感と疲労感が職場全体を覆っていた。入社当時とはまったく別の会社になってしまったなというのが私の実感だった。

なぜそうなったのか。自分のふがいなさを抜きにして言わせてもらえば、二〇年の間に二倍も三倍も仕事が忙しくなり、記者たちには考える余裕もなくなった。それと並行して「他社に抜かれるな」「訂正を出すな」「経費節減しろ」といった指令がのべつ幕なしに現場に降りてくるようになった。結局、労働強化と管理強化が組織の活力を失わせ、記者たちが本来持っているみずみずしい感性や想像力まで奪い去ってしまったのである。

朝日の虚偽メモ事件の「検証報告」（九月一五日朝刊）を読んで痛感したのもそのことだった。朝日新聞長野総局のN記者（当時二八歳）が、亀井静香《しずか》元自民党政調会長と田中康夫《やすお》長野県知事の会談の件で取材メモをでっち上げていた。記者は東京政治部から「八月一三日に亀井・田中会談があったという情報がある。会談場所や会談内容を取材してほしい」と要請され、その返答メモを知事に直接取材せず勝手に作り上げていたという。

確かにこれはジャーナリストとして恥ずべき行為だろう。だが、彼は社内の報告メモで嘘をついただけで記事をねつ造したわけではない。通常、本社に上げるメモの類は記事に使われるかどうか、使われるとしてもどんな形で引用されるか支局の記者には分からない。その分だけ厳密さが薄れ、いい加減な回答になりやすいのが地方現場の実態だ。

私が共同通信の地方支局の記者だったころ本社から取材依頼のファックスがよく届いた。そういう時はろくに取材せず「分かりませんでした」とか「担当者が不在です」と答えてお茶を濁した。自分の仕事で手一杯なのに、いつも偉そうな顔をする本社の記者の面倒なんか見られるかというのが本音だった。

そもそも朝日の政治部が中央の政治マターを支局の若い記者（入社五年目では一人前の記者とはとても言えない）に取材させ、その結果を亀井氏に確認しないまま記事化すること自体が問題ではないのか。朝日の政治部には亀井氏やその側近から話を聞ける記者は一人もいないのだろうか。だとしたら、にわかには信じがたいほどの取材力の低下と言うしかない。

朝日の調査報告をざっと読んだだけでもそんな疑問がわいてくる。なぜ支局の若い記者だけが懲戒解雇という人生を決定づけるような処分を受けなければならないのだろう。社に残して再教育するという選択肢もあったはずだ。朝日の上層部は自社が抱える構造的問題の責任を彼に負わせて組織の生き残りをはかったという印象を否めない。

辰濃が無断録音したＭＤが外部に流出した事件でも朝日は辰濃を退社処分にして切り捨て

た。企業の危機管理マニュアルによれば果断な処分を社内外に示すのが最上の方策かもしれないが、それでは社員たちは思う存分働けない。職場の空気は荒廃し、事なかれ主義がまん延するばかりだ。長野総局の記者はわずか八人、デスクはたった一人。総局長までデスク役に駆り出され、校閲作業すら記者たちに押しつける体制ではまともな仕事ができるはずがない。

懲戒解雇されたN記者が入社五年目で一度も訂正記事を出したことがないというのも驚きだった。彼は会社の統制に素直に従う模範的社員だったのだろう。ちょっと不真面目な記者ならあんなバカなことはしない。本社の取材依頼にも適当な口実を設けて「分かりませんでした」と答えたはずだ。模範的であろうとする過剰な意識が彼に虚偽メモを書かせたのではないか。

管理を強化し、効率化を追求すればするほど組織はガタガタになる。もうそろそろメディアの経営陣はそのことに気づいていいはずだ。でなければ、メディアの現場は荒廃していくばかりだ。

第八章　最高裁が手を染めた「二一七億円の癒着」

始まりは一月二九日深夜、東京新聞社会部の記者からかかってきたコメント依頼の電話だった。

「先ほど最高裁判所が緊急発表したのですが、『産経新聞大阪本社と千葉日報社の二社が最高裁と共催した裁判員制度のタウンミーティングでサクラを動員していた』という内容です。電通も絡んでいるらしい。メディアの信頼性に関わる重大事態だと思うので、意見を聞かせてもらいたい」

二〇〇九年五月までに始まる予定の裁判員制度は、殺人や強盗致死傷、身代金目的誘拐などの重大刑事事件に適用され、第一審の裁判に国民が裁判員として参加し、裁判官とともに審理を行うというシステムである。制度が導入されると、原則として裁判官三人に国民から選ばれた裁判員六人が加わって審理される。選挙人名簿から無作為に抽出されるので国民の誰もが裁判員になる可能性がある。

「開かれた司法」「身近な裁判制度」を謳《うた》い文句にした司法制度改革の目玉として盛んに宣伝されているが、最高裁の意識調査では、「参加したくない」「あまり参加したくない」と回答した成年男女が計六二%にのぼり、「参加したい」「参加してもよい」の計二八%を大きく上回っている。つまり制度の導入を世論は歓迎しておらず、積極的なのは法曹界と政財界だけだと言っても過言ではない。そんなお仕着せ制度の問題点を指摘すべき立場にある新聞社が、最高裁と一体化してタウンミーティングを開いていたこと自体が驚きだったし、ジャーナリズムの常識でも考えられないことだった。

私は記者に「共催自体を初めて知り、気が動転するほど驚いている。国民の議論が分かれている制度を推進するフォーラムを新聞社が共催すれば、マスコミが最高裁の宣伝活動の片棒を担いだとみなされかねず、ジャーナリズムの常識からかけはなれた行為だ。そのうえ日当を払ってサクラを大量動員したとあっては絶句するしかない」と話した。

電話口で話しながら、私は〈この問題には見えないカラクリが潜んでいるのではないか〉と直感した。普段は縁のない最高裁─電通─産経大阪本社（全国紙）・千葉日報（地方紙）を結びつけているものは何か。最高裁とパイプを持ち、日本最大の広告代理店・電通の大株主であるうえ両新聞社に記事を配信している共同通信社しかないのではないか。とすれば、この問題は最高裁・電通・新聞社だけでなく、私の古巣である共同通信をも揺るがす事態に発展するにちがいない。

前代未聞の最高裁スキャンダル

翌日から私は取材を始めた。結論から言うと私の直感は当たった。いや、予想をはるかに上回る衝撃的な事実が次々と出てきた。最高裁と電通と共同通信と全国地方紙が「四位一体」でひそかに進めていた大規模な世論誘導プロジェクトの存在が浮かび上がり、最高裁が電通と癒着して違法の疑いが濃い「さかのぼり契約」を結び、税金を濫費していたことが明らかになった。さらには裁判員制度導入のための総額約二十七億円（〇五年度と〇六年度分の合計）の広報予算が不透明な経過で支出され、その一部が政界に流れたのではないかと疑いたくなるような事実まで明らかになったのである。

二月一四日の衆議院予算委員会で保坂展人《ほさかのぶと》衆院議員（社民党）がこの問題を追及した。最高裁事務総局の小池裕経理局長は、「（タウンミーティング開催のために電通と結んだ）契約書の日付より後に契約書面をつくった可能性が高い。これも私、その当時まだ前任者がやっておりましたのであれですけれども」と述べ、最高裁が「さかのぼり契約」をしたことを事実上認めた。

それから五日後の予算委では、人気女優・仲間由紀恵《なかまゆきえ》さんを使って全国紙や雑誌・インターネットなどで展開された裁判員制度キャンペーンも「違法」契約の疑いがあることが判明。今後の国会審議の成り行き次第では、最高裁の大谷剛彦《おおたにたけひこ》事務総長も含め事務総局首脳たちがそろって責任を問われる前代未聞の事態に発展する可能性が出てきた。司法界に君臨する最高裁の内部で何が起きているのか。日本のメディア界に絶大な影響力を持つ電通は何を企《たくら》んだのか。これまでの取材で分かったことを細大漏らさずご報告したい。

まずは今回の疑惑の発端から順を追って説明しよう。サクラ問題は一月二九日夜、最高裁の緊急発表で明らかになった。それによると、産経新聞は〇七年一月二〇日と〇五年一〇月に大阪市で、同年一一月に和歌山市で開かれた計三回の「裁判員制度全国フォーラム」（最高裁・産経新聞など主催）で、一人当たり三千円～五千円を払うことを条件に計二四四人のサクラを動員。千葉日報は〇六年一月の千葉市での同フォーラムで、一人三千円の日当で三八人を集めたという。

産経新聞は記者会見で、「現場のフォーラム担当者が上司に相談して（事前の申し込み状況を見て）、あまりに人数が少ないという話になり、『努力して参加者を集めよう』と担当者と上司で決めた」と説明した。

また、サクラ問題を把握した経緯については「フォーラム会場で取材した報道機関（毎日放送）が最高裁に『バイトと言っている参加者が複数いる』と問い合わせ、最高裁が一月二六日に広告会社を経由して産経新聞に調査してほしいと連絡してきた」と、他メディアの取材がきっかけだったことを明らかにした。

最高裁は会見で「応募が定員に満たないという危機感から動員したようだ。数合わせだけで、質問の依頼はなかった。いずれも当該新聞社のフォーラム事業費以外の経費から支出され、電通には一切請求されておらず、電通からこれに相当する経費の支払いがされた事実はない。新聞社が独自の判断で行い、最高裁や電通は一切関与していないものの、（サクラ動員は）趣旨や目的に添わない不適切な行為で主催者として誠に申し訳ない」と発表した。

このコメントを読んで、私の頭にはある疑問が浮かんだ。なぜ、最高裁はろくに調査もできない段階で電通の関与を否定しなければならなかったのか。なぜ、産経は参加費無料（ということは主催者の収益はゼロということになる）のシンポジウムに約百万円もの自腹を切ってまでサクラを大量動員したのだろうか。もしかすると、サクラの出費を補ってあまりある見返りがあるからではないだろうか――。

地方紙の政府広報獲得チーム

東京・東新橋《ひがししんばし》のビルの一室に「全国地方新聞社連合会」（以下、地方紙連合）というプレートを掲げた事務所がある。地方紙連合は共同通信の加盟社である、全国四七のブロック紙・地方紙が結集して一九九九年秋に設立した任意団体で、大分合同新聞東京支社長の古谷堯彦氏が会長を務めている。その古谷氏によると、事務局長は代々、電通新聞局の地方部長が務めているというから、地方紙連合は事実上、電通の関連団体とみて差し支えないだろう。

それにしてもなぜ共同通信という地方紙代表の社団法人がありながら、わざわざ別組織を作らねばならなかったのだろうか。ある地方新聞の編集幹部がその辺の経緯を説明してくれた。

「もともとは不況で広告が集まらなくなって地方紙の経営状態が悪くなったのが発端でした。そのとき電通新聞局の地方部幹部と北國《ほっこく》新聞（本社・金沢市）OBや大分合同新聞の東京支社幹部らが話し合って、巨額の政府広報予算を地方紙が獲得するにはどうしたらいいかと知恵を絞った結果、生まれたのが地方紙連合でした。四七紙の発行部数を合わせると読売の二倍近い千八百万部ぐらいになるから各省庁もその影響力を無視できない。その部数の力と電通の影響力が相まって次第に官公庁の広報予算を取れるようになり、最高裁の裁判員制度タウンミーティングを請け負えるまでになったというわけです」

この編集幹部によると、地方紙連合には設立当初から妙な噂がつきまとっていた。背景には、地方紙連合が北國新聞など一部地方紙OBらに牛耳られているという他の地方紙営業担当の不満があった。そのOBらが別会社を作り、電通・地方紙連合が請け負った政府系広報の仕事を利権のネタにしているのではないかという憶測も新聞業界内で駆けめぐったという。

「地方紙連合に集まった地方紙の東京支社の営業部長クラスは、政府広報獲得のため持ち回りでチームを組み、各省庁を手分けして受け持っていたのです。省庁側との情報交換の中でテーマを決めてシンポジウムを開いたりと、政府広報予算を獲得するための方法はいろいろあったようです。こうした省庁と一体化して広報予算を獲得するやり方には一部の地方紙から『いかがなものか』という批判が出たこともあるんですが、電通サイドからの『もう決まったことだから』『全国地方紙の足並みを乱すのか』という声に押し切られてしまったのが実情のようです」

事前広報・事後広報・中立性

良心的な地方紙の声が押し潰《つぶ》されたのは、電通が新聞社に絶大な影響力を持っているからだ。政治評論家の森田実氏は六年前、有力地方紙の会合で講演したときこんな体験をしたという。

「私はその会合で講演を頼まれていたから『新聞は収入の半分以上を広告に頼っているので電通の強い影響下にある。電通は政治を動かし、マスコミのあり方を歪《ゆが》めているから、何とかして電通支配から抜け出さなければいけない』という話をしたんです。そうしたら講演の後、地方紙の社長が私のテーブルにやってきてこう言ったんです。『森田さんのおっしゃることは分かりますが、我々はその問題を口にできないんです』。社長は深刻な表情をしていたから、よほど思い当たることがあったんでしょう」

では、電通と地方紙連合は、具体的にどういう戦略で裁判員制度のタウンミーティング開催に伴う約三億四千万円の政府予算を獲得したのだろうか。それを如実に物語るのが、電通が〇五年に最高裁に提出した「仕様書」である。少々長くなるが、これは裁判員制度普及のための戦術書そのものであり、電通・地方紙連合ばかりでなく最高裁自身の狙いを知る恰好《かっこう》の材料なので、おつきあい願いたい。

まず、冒頭の「(1) 国民意識の変化の方向と裁判員制度タウンミーティングの位置づけについて」とタイトルのついたページには、「『裁判員制度』への国民意識は依然として消極的。さらなる普及・啓発が求められる」として、電通が〇四年に実施した世論調査の結果が示されている。

「『裁判員制度という名称だけを知っている』というような『表層的な認知』が大部分であり「『参加したくない』という国民が約七割を占め」、「法律知識がないことなどから正しい裁判ができるかどうか、不安に感じている人が非常に多い」。

そこで電通のプランに沿ってタウンミーティングを開催すれば、こうした最高裁にとって不利な状況を変えることができるというわけだ。

つづく「(2) タウンミーティング実施の必要なポイント」という項目には次の四点が挙

げられている。

「◇全国津々浦々までのリーチ

・タウンミーティングの事前広報及び事後広報を日本全国で幅広く伝える必要がある」

「◇中立性のある立場での意見集約

・国民の率直な意見を集約するには、実施主体の中立性が重要である」

「◇クオリティの高い実施能力

・最高裁判所からの指示が迅速かつ確実に各地域の施策に反映される実施体制が必要である」

「◇地域密着

・地域固有の問題点を把握するためには、地域事情に関する知見が必要である」

ここで述べられている「事前広報及び事後広報」「実施主体の中立性」という言葉に注目していただきたい。一見何でもない常套《じようとう》文句のように思えるが、実はこれこそが電通プランのミソなのである。

それは電通作成仕様書の「(3) 今回のご提案のポイント」を読めばさらにはっきりする。ここで白抜きで強調されているのが「全国地方新聞社連合会、共同通信社、裁判員制度タウンミーティングを実施する」という一節だ。

つまり電通が地方紙連合を使ってタウンミーティングを開けば「事前広報及び事後広報」を幅広く行えるし、最高裁が表に立つことなく「実施主体の中立性」を装うことができる。しかも、共同通信を扇の要とする地方紙ネットワークを使えば最高裁の指示も「迅速かつ確実に各地域の施策に反映」させることができるという意味だ。

さらに地方紙連合、共同通信との連携のメリットが列記されている。

「特に、開催地の各地方新聞社との連携により、それぞれの地方裁判所と円滑な連携をとることができる」

「事前広報・事後広報において、通常出稿以上の協力が得られる」

「全国地方新聞社連合会の事務局を通じて、全国の地方新聞社との円滑な連絡体制が構築できるとともに、全事業のクオリティを保つことができる」

広告と〝偽装記事〟の抱き合わせ

こうした電通プランは実際にどう実行されたのか。それは最高裁作成の平成一七年度「裁判員制度全国フォーラム新聞掲載記事収録集」を見れば一目瞭然だ。あらかじめ断っておくと、これから述べる広告のパターンや規格は四七地方紙すべて同じである。ただの一社も例外はない。

タウンミーティングの開催が決まると、共催者である各地の地方紙は、まず「平成二一年五月までにスタートする『裁判員制度』について理解を深め、ともに考えるフォーラム」を「○月○日、○○ホール」で開きますといった内容の「社告」を掲載する。

断るまでもないが、これは共催する地方新聞社が読者に参加を呼びかける社告だから最高裁はその掲載費用を負担する必要がない。

次にこの社告を出した直後に最高裁が電通を通じて出稿したタウンミーティングの「告知広告」（五段＝紙面の三分の二）を二度にわたって記事下の広告欄に有料で掲載する。これは最高裁、高裁、地裁、当該新聞社、地方紙連合の共催と明記されているから、事情を知らない読者には、最高裁が広告費を負担しているのか、それとも共催の新聞社が無料で掲載しているのか判断がつかない仕掛けになっている。

予定通りタウンミーティングが開催されると、その模様を三段程度で伝える記事が社会面に掲載される。広告ではないのでもちろん無料だ。

そして最後に、開催から一週間ほどたった日の朝刊にタウンミーティングの模様や詳細なやりとりを伝える一〇段（紙面の三分の二）の特集記事と最高裁の裁判員制度についての五段広告が同じ一枚の紙面に掲載される。

先ほどの文字だけの「告知広告」と違い、この記事下五段広告には裁判員制度のイメージ

裁判員制度全国フォーラムin大阪

パネルディスカッション「みんなが参加する裁判」

パネルディスカッション
みんなが
参加する裁判

司法への関心強まる
市民の社会参画意識の醸成へ

裁判は、あなたに語りはじめます。

裁判員制度が、
平成21年5月までに始まります。

最高裁判所

2005年11月11日付「産経新聞」大阪朝刊。これと同様の記事が全国47の各地方紙・ブロック紙に掲載された。

キャラクターに〇五年度に起用された有名女優、長谷川京子《はせがわきょうこ》の大きな写真が「裁判は、あなたに語りはじめます。」というキャッチフレーズとともに掲載される。その左隅に「最高裁判所」と明示されているので、読者はここにきて初めて最高裁が新聞社に料金を支払って載せた広告であることを理解できる。

私が先ほど「事前広報及び事後広報」と「実施主体の中立性」という言葉がポイントと言った意味がこれでお分かりになっただろうか。最高裁は有料広告を計三回一五段（うち二回分計一〇段は新聞社が公益のため無料掲載したお知らせのようにも見える）しか出していない。にもかかわらず、この広告には必ず無料の「社告」「社会面記事」「一〇段の特集記事」のオマケがついてくる仕組みになっているのである。

そのうえこのオマケは有料広告よりもはるかに広告効果が大きい。なぜなら「実施主体の中立性」、つまり官庁や裁判所とは一線を画し、独立した新聞社の編集権に基づく特集記事だと思いこませ、裁判員として参加するのが国民の義務だという空気を醸成することができるからだ。

全紙が同じ規格で詳報を載せているのは、あらかじめ電通が「特集一〇段・広告五段」と指定しているためだということも電通の仕様書を読むとすぐにわかる。本来、この一〇段特集には【ＰＲ】とか【裁判所の広告】といった断りがなければならないところだが、そう明記している地方紙は一紙もない。

つまり社会面の記事も特集記事も、質《たち》の悪い企業が読者をダマして新商品を買わせようとする時に使う〝偽装記事〟（記事を偽装した広告）と同じ手口が使われているのである。当然ながらこうした偽装記事は記事の客観性・中立性に対する読者の信頼を決定的に損なってしまう。だが、最高裁は広告と偽装記事を抱き合わせにした電通・地方紙連合方式の狙いを十分認識しながら、電通と結託して税金を地方紙に垂れ流していた。

その証拠に、議員会館の保坂議員の部屋に説明に来た最高裁事務総局は、電通と契約した理由についてこう語ったという。

「正規の広告のほかに地方紙の編集権に基づいた（無料の）事後記事が掲載されることが決め手になった」

前出の地方紙編集幹部によると、こうした電通・地方紙連合方式には、一部の地方紙から「せめて〈広告局制作〉の表示を出したら」という意見も出たが、電通サイドから「そうしたことをしない条件が（発注者側から）つけられているので無理だ」と突っぱねられたという。広告と分かると宣伝効果が格段に下がる。世論形成のためには最高裁広告と悟られぬような形の〝記事〟でなければならぬというわけだ。

パックニュース方式

二年前、『週刊朝日』が消費者金融の「武富士」から「編集協力費」名目で五千万円の提供を受けて記事を作りながら、武富士とのタイアップ企画と明記していなかったことが明らかになった。その教訓がありながら、大多数の地方紙が報道機関として越えてはならぬ一線を越えた理由の一つは、はっきりしている。政府広報が一般企業のように広告掲載料を値切られる心配がない「おいしい仕事」だからだ。

電通が最高裁に出した見積書によると、「裁判員制度全国フォーラムin大阪」一回につき、産経大阪本社には五段広告三回分の料金として、八百万円近いカネが入る。サクラに日当を払っても十分儲かる仕組みなのである。

実を言うと、こうした偽装記事と広告の抱き合わせ方式が実行されたのはこれが初めてではない。共同通信は一〇年以上前から、社内で「パックニュース」と呼ばれる特殊な企画記事を加盟紙に配信している。これは株式会社共同通信社（報道機関である社団法人共同通信社の関連会社）が電通と連携しながら始めたサービスで、やはり偽装記事と広告がセットになっている。

例えば、原子力発電所の必要性や安全性を訴えるイベントが開催されたとき、その模様を詳細に伝える記事を作成し、掲載を希望する加盟紙には有料で配信する。この記事を載せれば、電力会社の記事下広告が電通を通じて出稿される仕組みになっているから、広告不足に悩む地方紙にとってはありがたい企画記事だ。同時に株式会社共同通信も記事一本あたり数百万円の収益を挙げ、電通も手数料を稼ぐことができる。

共同通信の元幹部が言う。

「このパックニュース方式を使って政府系広報の予算をとろうとしたのが電通・地方紙連合だと聞いています。彼らは共同通信に、取材を通じて各省庁に豊富な人脈を築いた幹部がいることにも目を付けたらしい。電通の幹部でも渡りを付けることの難しい省庁トップに共同通信の幹部なら会える。その手づるを利用すれば官庁に食い込むことができると考えたようなんです」

どうやら私が想像した以上に共同通信と電通・地方紙連合は深く関わり合っているらしい。〇六年に電通が最高裁に提出したタウンミーティング「仕様書」にはこうも書かれている。「共同通信社の主催する論説研究会や編集部長会議、支社長会議などにおいて裁判員制度に関する勉強会を行い、新聞社の編集関係者の意識を高めてもらい、執筆意欲を喚起する」

つまり共同通信社を通じて官庁に食い込むだけでなく、地方紙の編集幹部たちの意識も変えていこうというのである。同時に「地域オピニオン層の巻き込み」を図って裁判員制度を浸透させるのだと仕様書に書かれている。

「昨年の『裁判員制度全国フォーラム』参加者へのアンケート結果を見れば明らかなとおり、タウンミーティングに応募して参加しようとする人は、老若男女を問わず、極めて意識の高い人たちであると言える」

「で、あるならば、参加者数に限りがあるタウンミーティングに、いたずらに意識の低い人を呼び込むことに注力するよりも、意識の高い人や、地域のオピニオンリーダー（所属する組織を持ち、それらに対する強い影響力を持つ人）を参加者として積極的に巻き込み活用することで、広く国民への情報波及を図り、効果の最大化を図るべきである」

さらにこんな記述もある。

「コーディネーターとして地元新聞社の論説委員・編集関係者等を立てることで、司法および裁判員制度に対する正しい理解にもとづく、前向きな地域世論の醸成を図る」

国策通信社の情報統制

いかがだろうか。ここからは報道機関である地方紙や共同通信を政府の広報機関として利用しようという電通の意図が明確に読み取れる。地元紙を主催者として前面に押し出すことで、最高裁による宣伝臭を中和して大衆を取り込むばかりでなく、共同通信の勉強会・研究会を通じて地方紙の論説委員や編集幹部クラスをも取り込むことのできる、巨大な世論誘導システムの構築を目論んでいるのである。

極め付きは、〇六年の「仕様書」に記された次の一節だろう。

「最高裁判所、高等裁判所、地方裁判所、主催新聞社（各社、全国地方新聞社連合会）、共同通信社、電通が一体となり、目的達成に向けて邁進《まいしん》する」

これを読んで私は、戦時中の国家総動員体制の中核を担った同盟通信社を思い出した。同盟通信は一九三六（昭和一一）年に日本電報通信社の通信部と新聞聯合《れんごう》社が合併して発足した国策通信社で、国民の戦意高揚や情報統制の手段として大きな力を発揮した。敗戦後、その同盟通信が分かれて発足したのが共同通信と時事通信だ。

一方、三六年の同盟通信発足時に日本電報通信社から切り離された広告部門が、現在の電通だ。つまり同盟通信の後身である共同通信と電通、それに地方紙が七〇年以上の時を越えて再び手を結び、裁判員制度導入という国策遂行のために「邁進」しようというのである。

こうした指摘に当事者たちはどう答えるのだろうか。私が『週刊現代』編集部を通じてコメントを求めたところ、こんな答えが戻ってきた（筆者は『週刊現代』一一月一四日号でこの問題の一部を報じている）。

―『裁判員制度を多くの国民に理解してもらい議論を深める』ことを目的に企画提案したもので、事業は通常のクライアント業務と認識している」（電通広報室）

「電通からの提案ではなく、共同通信加盟社からの要請を受けて協力している。記事は国民の関心を高め広く議論する材料を提供する狙いで、ご指摘のように制度に協力したものではない」（共同通信総務局）

「情報操作だというのは貴誌の意見なので、こちらからのコメントは差し控える」（最高裁広報課）

これまでの記述でタウンミーティングをめぐる最高裁と電通の癒着構造の輪郭がお分かりいただけただろう。では、次に最高裁と電通の契約自体のデタラメさについてご説明しよう。

九桁の数字がぴったり一致

〇五年三月末、総額およそ十三億円にのぼる裁判員制度広報予算（〇五年度分）が決まる直前、電通の杉本晶・パブリックマネジメント・ソリューション室長と、古谷堯彦・地方紙連合副会長、そして政官財界に豊富な人脈を持つことで知られる共同通信・古賀《こが》尚文業務局長（肩書はいずれも当時）ら一行約一〇人が法務省を訪ねた。

同省関係者によると、この日の古賀氏らの訪問の主目的は、法務省の裁判員制度導入に向けた広報予算（総額約三億円）を獲得するため同省の小津博司官房長（当時）に会うことだったらしい。そのときの古賀氏らの口振りでは、法務省だけでなく最高裁の広報予算（年間十三億円余り）も取るため奔走していたようだったという。

ほどなくして最高裁は当時の大谷剛彦経理局長の名でタウンミーティングの企画招請を発表した。四月一三日のことである。それから二週間後の四月二七日には最高裁経理局長が企画競争（コンペ）の説明会を開き、五月二七日には提案書の提出を締め切った。

最高裁によると、このコンペは「参加者を集める方法」（一〇点）、「行事の企画内容」（三〇点）、「業務委託の範囲等」（三〇点）、「本件の企画及び業務委託に要する経費」（三〇点）の合計百点満点で採点する決まりになっており、これに電通など五社が応募した。最高裁はあらかじめ上限金額三億五千万円を示しており、それに対して五社が「入札」した金額は次の通りである。

A社	三億四九四一万六九五三円
B社	三億四九六五万円
C社	三億四九六五万円
D社	三億四九六五万円
電通	三億四一二八万六七五〇円

ご覧のように電通は五社の中で最も安い金額を入れている。その結果「経費」部門で三〇点満点を獲得し、他社より有利な立場に立った。そのこと自体は不自然ではないのだが、B、C、D社が入れた金額に注目していただきたい。九桁の数字がぴったり一致している。これは偶然の一致と言うにはあまりにもできすぎた話である。「初めに電通ありき」の談合コンペだったのではないかと疑いたくなる。

もう一つ不自然なのは、全国でタウンミーティングを開催する能力があるとはとても思えない中堅印刷会社C社が参加したとされていることだ。C社の担当役員は「当時の担当者が辞めているので詳しいことは分からないが、そのコンペに参加したことも含めて記憶にない。こんな全国でのイベントになると、正直言ってうちは規模的に無理だ」と語っており、コンペ自体の成立を疑ってもおかしくはない状況だ。

「広報は不慣れな作業で……」

最高裁によると電通プランの採用は六月一三日に決定し、契約は六月中に結ばれることになっていたが、実際の契約書の日付はそれから約三ヵ月半後の九月三〇日。第一回目の全国フォーラムが福岡市と前橋市で開かれる前日のことである。

契約の中身を示す見積書が提出されたのも開催三日前の九月二八日付で、しかも電通が提示した見積額は三億四一二六万八九〇〇円だ。これは実際の契約額とまったく同じで、企画競争のときに電通が入れた額よりわずか二万円弱安いだけだった。

そのうえ契約書の文面まで滅茶苦茶だった。「監督職員を定めて業務の工程の立会い、指示、承諾又は協議を行わせることができる」（第五条）とか「検査に合格しなかった旨の通知を受理した場合には、甲の指示に従い、遅滞なく補修その他必要な措置を講じ」（第七条三）、「成果物のかしを原因とする滅失、破損、変質又は性能の低下等が生じた場合には、取り替え、補修その他の措置を講じ、又は損害の賠償をしなければならない」（第一一条）といった、イベント請け負い契約には使われるはずのない用語が何度も使用されていた。複数の専門家によれば、これは最高裁が裁判庁舎の補修などを行う際の契約書式を流用したとしか考えられない文面だという。

今年二月一四日の衆院予算委で杜撰《ずさん》な契約実態が次々と明らかになり、たまりかねた最高裁の小池経理局長は公文書を変造した「さかのぼり契約」であることを事実上認めた。これは「国が締結する本契約は契約書の作成により初めて成立する」という一九六〇年の最高裁判例に違反したことを自ら告白したことになる。

五日後の予算委では最高裁が人気女優の仲間由紀恵さんを起用して全国紙や雑誌、インターネットなどで展開した〇六年度のメディアミックス企画（総額約六億円）の契約問題が取り上げられた。タウンミーティングの企画競争にも登場した中堅広告代理店D社と最高裁が交わした契約書の日付は〇六年一〇月二〇日。仲間さんが登場する一五段の全面広告が朝日、読売、毎日、産経、日経の各全国紙を飾ったのは、それからわずか四日後の一〇月二四日からだった。

保坂議員が「人気タレントが契約後四日で写真を撮影し、全国紙の広告に登場することなどあり得ない。さかのぼり契約ではないか」と追及すると、小池局長は「さかのぼり契約をどうとらえるかという問題はありますが、契約締結前にそのような行為を行ったことはご指摘の通りです」と自らの判例違反をほぼ認める答弁をしたが、この予算委で明らかになった事実はそれだけではない。

保坂議員「裁判員制度PRのため最高裁は『裁判員』という映画を七千万円かけて作り、三月二〇日には最高裁講堂で試写会を予定している。最高裁資料には現段階で「契約未了」と書いてあるが、すでに映画は出来てしまいプレス発表もしているが」

小池局長「ご指摘の通り、契約書作成は未了です。決裁して、近々それをする予定です。補足しますと九月一日に競争入札で業者選定しました。契約書を作成しないまま、聴覚障害者の方の副音声処理などをして、今月末に納品となっています」

保坂議員「裁判所は最も厳格な「国の機関」と信じていましたが、最高裁のホームページには、「未契約」のはずの映画の契約日が九月二五日と書かれていて、支出負担行為者として小池さんの名前もある。このホームページは嘘ですか」

小池局長「映画は契約未了です。なにゆえホームページにアップされているかは事実確認させていただきたい」

保坂議員「そんなに精緻《せいち》な議論をしていないですよ。このホームページは間違っていますね」

小池局長「ご指摘の通り、間違っています。実態とホームページに載せるべきものに乖離《かいり》があったのは、私が十分点検しなかったせいだと思います」

保坂議員「ホームページに本当のことを載せなかったのは国民を欺いたということだ。契約せずに、映画の製作をしていたことをどう思うか」

小池局長「契約書を作成せずに事業遂行するのは好ましくない。裁判員制度の広報は不慣れな作業で、仕事の難しさの中で事務の混乱があったと思われます」

次々と明らかになる最高裁のデタラメな契約実態に、委員席からは驚きと失望のため息が漏れた。国民が「法の番人」として信頼を寄せてきた最高裁のエリート裁判官たちの正体は、こんなにもお粗末なものだったのか。どうやら彼らはこれまで外部の批判にさらされることがなかったため、いつのまにか社会的な常識と法規範を守る姿勢を失ってしまったらしい。

そんな彼らが巨額の予算を投じて推進しようとする裁判員制度とは何なのか。

裁判官の本心に反する仕事

この制度導入を目玉にした司法制度改革はもともと経済界と自民党が主導したものだった。その出発点は、バブル崩壊後の九四年に経済同友会が発表した「現代日本社会の病理と処方」と題する文書だったと言われている。この文書で、同友会は法曹人口の大幅増員を求めた。

九七年に自民党の保岡興治《やすおかおきはる》代議士（弁護士。後に法相）らが党司法制度特別調査会を立ち上げたのをきっかけにまず法務省が「改革の流れを利用し、司法にかかわる人員の大幅増員を勝ち取ろう」（朝日新聞）と同調し、それに最高裁や日弁連が加わって九九年七月に司法制度改革審議会が設置された。

中間報告では刑事裁判の迅速化と効率化だけが強調され、企業法務に携わる弁護士を大量に増やすという意図が明確だった。早い話が小泉政権時代に進められた規制緩和・構造改革路線の司法版である。そのためか、被告が無罪を主張すると一年でも二年でも身柄を拘束され続ける「人質司法」や、冤罪《えんざい》の温床とされる代用監獄をなくそうとする姿勢はまったく見られなかった。

裁判員制度の実態も「開かれた司法」「市民参加の裁判」という口当たりの良いキャッチフレーズとはかけ離れたものだ。建て前上は裁判官三人プラス裁判員六人の計九人の多数決によって判決が下されることになっているが、実は過半数のなかに裁判員と裁判官が最低一名ずつ入っていなければならないという条件が付されている。裁判員全員が有罪の結論を出しても裁判官全員が無罪と判断すれば無罪になる。

そのうえ一審で無罪判決が出ると検察側は控訴することができ、控訴審には裁判員制度は存在しない。今の日本では一審で無罪になった被告のうち約七割が控訴審で有罪とされるから、一審で無罪判決が出ても二審で覆される可能性が大きい。つまり米国の陪審員制度（一二人の陪審員だけで結論を出し、一審で無罪になった事件は控訴できない）と違って、市民の自主性は発揮されず、裁判官たちの主導権が失われることもない。

元東京高裁判事の大久保太郎氏は「国民に出頭義務を課すことは、自由権の保障や苦役の禁止を定めた憲法に抵触する」としたうえでこう話す。

「私の知人のある現役裁判官は、地裁から高裁に異動になってホッとしたと言っていました。彼はこう言いました。『地裁で行われる模擬裁判などを通して、裁判員制度の仕事がそんなに難しいことではないかのように市民に説明するのが本心に反して、苦しくてたまらなかった』。現場の裁判官でこの制度がうまくいくと考えている者はいないのではないか」

おそらくその通りなのだろう。国民の多数ばかりでなく、実は当の裁判官たちの大勢が内心では受け入れがたいと思っている制度だからこそ、最高裁は電通と結託した大がかりな世論誘導プロジェクトを仕掛けなければならなかったのではないだろうか。

巨額の予算が動くところには必ずと言っていいほど利権や腐敗の臭いがつきまとう。電通が最高裁に提出した〇五年度と〇六年度の見積書を見ればその臭いをかぐことができる。

電通は地方紙への広告掲載料として両年度とも一億六千万円余りを計上しているが、この中には電通が受け取る手数料（通常、広告掲載料の一五％と言われている）が含まれているはずだ。そのほか「事務局運営関連費」（両年度分合わせて一八八五万円）「新聞原稿制作費」（同一七一六万円）などのなかにも電通側スタッフの人件費が含まれている可能性がある。

そのうえ電通は、「事務局運営関連費」「新聞原稿制作費」「シンポジウム事業費」「総合事務局費」などもろもろの経費合計の一〇％にあたる計約二九五一万円を「営業管理費」として請求している。これは電通が最高裁に対し二重の利益を求めているということになりはしないか。少なくとも最高裁は税金を使う以上、過大な請求がなされていないかどうか厳しくチェックする義務がある。

司法とメディアの深い闇

「全体企画料・事務局費」の欄も興味深い。そのなかで〇五年度の「全体渉外費」として「プロデューサー（鰀目《えのめ》清一郎《ママ》）」に二四〇万円が、「アシスタントプロデューサー（白井則子）」と「アシスタントプロデューサー（八島良介）」にそれぞれ一二〇万円を支払うことになっている。〇六年度には「全体企画費」として「プロデューサー（鰀目清一朗）」に百万円、「全体渉外費」として「プロデューサー（白井則子）」に百万円を支払うとされている。

ここに登場する鰀目氏は北國新聞ＯＢで、イベント事業の企画・運営をする「㈱地域力活性化研究室」の代表者であると同時に地方紙連合主任研究員の肩書きを持っている。「白井則子」は彼の妻のことで、もう一人の八島氏も地域力活性化研究室の元社員である。

つまりこの見積書の記載が事実であれば、最高裁から電通に支払われた金のうち少なくとも六八〇万円が地域力活性化研究室サイドに流れたということになる。ちなみに地方紙連合の事務局は地域力活性化研究室のオフィスに同居しているから、同研究室は電通—地方紙連合のラインで降りてくる仕事の受け皿と見て間違いないだろう。

鰀目氏は同郷の政治家、森喜朗《よしろう》元首相との関係も深い。森元首相の政治資金管理団体「春風会」の政治資金収支報告書によると、鰀目氏は裁判員制度タウンミーティングが始まる前の〇五年五月末、春風会に十二万円の個人献金をしている。

私たちの電話取材に、鰀目氏は献金の事実を認めたうえで「森元首相は親戚の同級生なので学生時代に事務所に顔を出して勉強させてもらったことはあるが、仕事のことで世話になったことは一切ない」と語った。

私たちの取材はまだとば口に差し掛かったばかりだから、電通・地方紙連合と政治の関わりについては分からないことが多い。ただ、この国の司法とメディアの世界には想像以上に深い闇が広がっている。私が取材を続けるのはもちろんだが、それを新聞が自ら暴き出すことができるかどうか。そこに私たちの未来がかかっているような気がしてならない。

「メディアはだれのものか」――あとがきにかえて

この本を仕上げる過程でノンフィクション作家の本田靖春さんと最後にお会いしたときのことを何度も思い返した。本田さんは代々木《よよぎ》の病院の玄関先で車いすに乗って、奥様と一緒に出迎えてくださった。そこから病院内の談話室に場所を移して、一時間半ほどお話を聞かせてくださった。

内容は主として、本田さんが読売新聞をやめてから、あの名作『不当逮捕』（岩波現代文庫）ができるまでのことだったが、お別れする前に本田さんは「魚住君。いい仕事をするんだよ。そうしたら君のようになりたいと言う記者が陸続として出てくるから」と言われた。

尊敬してやまない先輩にそんな言葉をかけてもらえる幸運と不安と責任感で身が縮むような思いをしたのを今でもよく覚えている。本田さんが亡くなったのはそれから約二カ月後の二〇〇四年一二月のことだった。

本書は、それから二年余りの間に私が「月刊現代」や「ＡＥＲＡ」に書いた文章がもとになっている。たとえば第一章は同じ共同通信の出身である青木理さんとの共著で「月刊現代」に発表したものであり、第六章はライブドア・村上ファンド事件の捜査が終結した直後に「ＡＥＲＡ」に書いたものだ。自分の仕事を改めて振り返ってみると、私はどういうわけかメディアと権力の接点で起きている出来事ばかりを取材してきた。

自分でテーマを選んだときも、雑誌編集者の依頼でやったときも、最終的にはいつもその接点の問題に帰着してしまう。なぜ、そうなってしまうのか。もともと私がそういう志向を持っているからだと言ってしまえばそれまでだが、もしかしたら今の日本のあり方を歪《ゆが》めている原因がそこにあるからではないだろうかとも思っている。

そして、昨年末に明るみに出た裁判員制度タウンミーティングの問題は、私の問題意識があながち見当外れではなかったことを示してくれた。この数年、マスコミの論調や世論がいつのまにか変わり、一昔前だったら反発を受けたに違いない国策（たとえばイラク派兵や教育基本法の改正、そしておそらくは近い将来に実現するであろう憲法改正）がすんなりと受け入れられる現象が相次いでいるが、その裏には政府や最高裁とメディアが一体となって仕掛けたプロジェクトがあったことが次第に浮かび上がってきたのである。

本田さんは自著『体験的新聞紙学』（潮出版）のなかで「読売にいたあいだ、新聞はだれのものかという問いかけが私の胸に突き刺さっていた」と書いておられたが、私がこの本で言いたかったのもまったく同じことである。新聞・テレビを中軸とするメディアは経営者や株主や広告主のものではなく、無数の読者のものであるはずだ。

その当たり前のことを理解し、実践しようとしている記者や編集者は少数ながら確実にいる。ここでいちいちお名前を挙げるとご迷惑がかかるかもしれないので差し控えるが、そうした人たちの協力があったからこそ、私はこの本を書くことができた。おこがましい言い方をさせてもらえば、私のつたない文章の背後にはメディアの現場で奮闘している人たちの必死の思いがある。そして、私を記者として育ててくれた共同通信の先輩や同僚たちの愛情がある。

角川書店書籍第一編集部の伊達百合編集長と新書担当の江澤伸子さんにもお礼を言いたい。お二人の真剣な思いがなければ、この本は日の目を見なかった。その思いに応《こた》えられたかどうかはなはだ心もとないが、最後に、この本を読んでくださったすべての皆さんに、なかんずくジャーナリズムの現場で働く人々に改めて問い掛けたい。

「メディアはだれのものか」と。

二〇〇七年三月五日

魚住　昭

主な参考文献

『事実が「私」を鍛える』斎藤茂男（太郎次郎社）
『建築の設計と責任』多田英之著（岩波書店）
『亡国マンション』平松朝彦著（光文社）
『地震とマンション』西澤英和・円満字洋介著（ちくま新書）
『ヒューザーのNo.1戦略』鶴蒔靖夫著（IN通信社）
『建物の耐震診断入門　改訂版』久田俊彦監修・大森信次著（鹿島出版会）
『拒否できない日本』関岡英之（文春新書）
『メディアと権力』佐々木隆（中央公論新社）
『国家の罠』佐藤優（新潮社）
『ヒルズ黙示録　検証・ライブドア』大鹿靖明（朝日新聞社）
『ヒルズ黙示録・最終章』大鹿靖明（朝日新書）
『NHK　問われる公共放送』松田浩著（岩波新書）
『体験的新聞紙学』本田靖春著（潮出版社）

魚住　昭（うおずみ・あきら）
1951年熊本県生まれ。1975年一橋大学法学部卒業後、共同通信社入社。その後、司法記者としてリクルート事件などを取材。1996年共同通信社の社会部チームで書いた『沈黙のファイル―「瀬島龍三」とは何だったのか―』（現在新潮文庫）で日本推理作家協会賞を受賞。同年共同通信を退社し、フリージャーナリストとなり、現在に至る。2004年『野中広務　差別と権力』（講談社）で講談社ノンフィクション賞受賞。著書『特捜検察』（岩波新書）、『渡邉恒雄　メディアと権力』（講談社文庫）、『特捜検察の闇』（文春文庫）など。

官僚《かんりょう》とメディア

魚住《うおずみ》　昭《あきら》

二〇〇七年四月十日　初版発行

発行者　井上伸一郎
発行所　株式会社角川書店
東京都千代田区富士見二―十三―三
〒一〇二―八〇七八
電話／編集　〇三―三二三八―八五五五

発売元　株式会社角川グループパブリッシング
東京都千代田区富士見二―十三―三
〒一〇二―八一七七
電話／営業　〇三―三二三八―八五二一

http://www.kadokawa.co.jp/

装丁者　緒方修一（ラーフイン・ワークショップ）
印刷所　暁印刷
製本所　BBC

角川oneテーマ21　A-62

ISBN978-4-04-710089-3 C0295

A-46

〈旭山動物園〉革命
——夢を実現した復活プロジェクト

小菅正夫

日本最北の旭山動物園が上野動物園の月間の入場者数を抜いて日本一になった。その再生に隠された汗と涙の復活プロジェクトを初めて公開！

A-45

巨人軍論
——組織とは、人間とは、伝統とは

野村克也

すべての戦略、戦術のノウハウは巨人軍に隠されている——。強い球団と弱い球団の差とは？　楽天を指揮する名匠の前代未聞の巨人軍分析！

A-44

まる儲け！
——商売成功のための極意

大田　勝

話題の通販化粧品会社を率いる社長の商売が成功するための教訓。「成功する人間」は何が違うのか？　人生と仕事で〝まる儲け〟するための心構えとは何か？

A-43

新卒ゼロ社会
——増殖する「擬態社員」

岩間夏樹

定期一括採用を前提に税金・年金徴収を企業が肩代わりするシステムが危ない！　40年に亘る「新入社員意識調査」から見えてくるニートやひきこもりを超えた大問題。

A-42

「ジャパニメーション」はなぜ敗れるか

大塚英志
大澤信亮

戦前のハリウッド・ディズニーの模倣、戦争と透視図法、萌え市場、国策とジャパニメーションまで徹底分析。まんが／アニメの本当の姿とは何か？

A-41

健全な肉体に狂気は宿る
——生きづらさの正体

内田　樹
春日武彦

今日から「自分探し」は禁止！　生きづらさに悩む現代人の心を晴れやかに解き放つヒントを満載。精神と身体の面から徹底的に語り尽くした説教ライブ！

A-40

憲法力
——いかに政治のことばを取り戻すか

大塚英志

「憲法力」とは「ことば」への信頼である。「ことば」を裏切り続けた政治を前に「有権者」が憲法を考える力とは何か？